みんなでプレイヤー偏差値を上げよう!

サッカーラボ

1カ月でプレーがどんどん進化する!

サッカーラボ編集部［編］

TOHO PUB
東邦出版

ご祝辞

『サッカーラボ』のご創刊、
本当におめでとうございます。

子どものときに技術を身につけた人が一生サッカーを楽しめる。
そういう意味では、読者のみなさんは最も大事な時期を迎えています。
そのプレイヤーに向けた本が
創刊されたことを本当にうれしく思います。
何度も読んで、サッカーを心から楽しんでくれる
子どもたちが増えることを切に願っています。

読者のみなさんには、
もちろんサッカーをたくさん練習して上手になってほしいのですが、
友達や家族、仲間を大切にする
リスペクトの気持ちを忘れない人になってほしいと思います。
すべてを大切に思えば、いじめや差別といったことは起きません。
そういう社会をスポーツから作っていきたいと思いますし、
その中心になれるのはサッカーだと思っています。
仲間を大切にしてサッカーを楽しんでください。

公益財団法人日本サッカー協会会長
田嶋幸三

みんなでプレイヤー偏差値を上げよう!

サッカーラボ

CONTENTS

連続写真で超絶スキル・ラボ

ワールドスター編

世界最高峰のスキル。写真を見て姿勢や、軸足の位置など細かいところまで何度も見て研究し、自分のものにしよう！！

●構成、連続写真：松岡健三郎　●写真：Getty Images

ドロー&ターン

ボールを引き、体の向きを変える

ルーズボールにすばやく反応。右足を伸ばして、足裏でボールタッチ。相手がボールを奪いに来たため、足裏でボールを引く。引きながら体の向きを変えて、簡単にボールを失わないように、後方へボールをつないだ。

ポグバ
Paul POGBA
フランス／MF
1993年3月15日生まれ
身長191cm、体重84kg

START
ボールに反応 ①

右足をボールへ ②

右足裏でタッチ ③

ボールを引く ④

軸足をステップ ⑤

体の向きを ⑥

変えながら ⑦

ボールキープ ⑧

⑨

アウトサイドでタッチ ⑩

相手から遠くに置く ⑪

バックパス ⑫

リアルなプレーを切り取り解説

軸足をステップしながら体の向きを変える

写真⑤から⑧の写真を見てみよう。足裏で引いた後、ボールが常に体の真ん中にくるように軸足（左足）をステップしながら、体の向きを変えている。そうすることで、いつでもボールタッチができる状態を作っている。ボールを触る足だけでなく、軸足も意識してプレーしよう。

スキル　ドリブル

足裏クライフターン

足裏でクイックにクライフターン

エジル
Mesut ÖZIL
ドイツ／MF
1988年10月15日生まれ
身長180cm、体重76kg

右サイドから左足でボ大きく展開すると見せて、
ボールの上を足裏でタッチ。
すぐに後ろへ引いて、軸足の後ろを通し、右側へターンをする。

右サイドから
1
左足で展開する?
2
足裏でタッチ
3
後ろへ引く
4
軸裏を通して
5
右にターン
6

リアルなプレーを切り取り解説

インサイドよりすばやくターンができる

基本形の「クライフターン」はインサイドでボールの横をタッチしてターンする。それを足裏で行うとボールの上をタッチするため、小さな動きですばやくできる。また、体の向きが大きく変わるようにやると、相手をだましやすい。

スキル　ドリブル

スナップクライフ

ワンタッチで一気に方向転換

ルーカス・バスケス
LUCAS VAZQUEZ
スペイン／FW
1991年7月1日生まれ
身長173cm、体重70kg

右サイドからボールを縦方向へ運ぶ。右足でゴール前へクロスを入れると見せる。慌てて後ろから相手が寄せてくる。クロスは蹴らずに右足インサイドでボールをマイナス方向へはじく。寄せてきた相手と入れ替わりかわす。

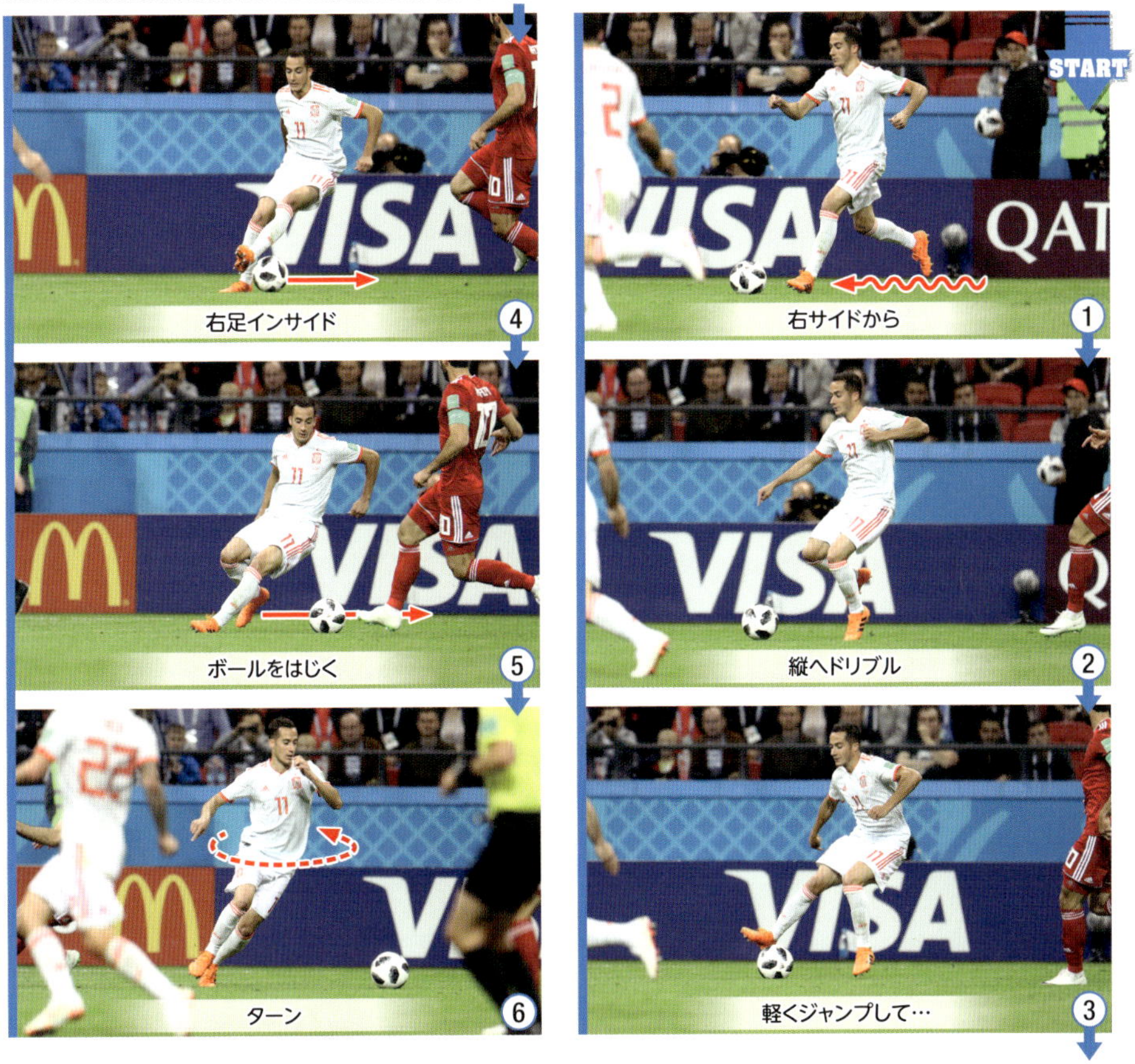

リアルなプレーを切り取り解説

軽くジャンプしてからはじく!

インサイドでボールを強くはじく。そのときに写真③のように軽くジャンプして、空中でボールタッチするイメージで足を交差させて、はじくと良い。足全体をスナップさせるイメージでボールをはじくと小さな動きで、ターンがすばやくできる。

股抜き

ワンタッチで相手と入れ替わる

左サイドから中央へドリブルするとき、相手が寄せてくる。相手が足を出してくるタイミングで、右足アウトサイドでボールタッチ。相手の足の間へボールを通し、入れ替わって突破する。

ネイマール
NEYMAR
ブラジル／FW
1992年2月5日生まれ
身長175㎝、体重68kg

リアルなプレーを切り取り解説

味方の動きもうまく利用する

外から中にボールを持ち出したときに、味方（ジェズス）がネイマールの外側へ回り込みオーバーラップしている（写真②）。2対1の状況で相手は縦パスも警戒して、対応に迷った。その瞬間にアウトサイドで股抜きを狙った。

スキル　ドリブル

突っ込みアウトイン

アウトで近づいて、インで離れる

ドウグラス・コスタ
DOUGLAS COSTA
ブラジル/MF
1990年9月14日生まれ
身長170cm、体重65kg

サイドから相手に１対１を仕掛ける。左足アウトサイドで相手に向かってボールタッチ。すぐに左足インサイドで外側へボールを運ぶ。相手から離れて右足でシュートへ持ち込む。

リアルなプレーを**切り取り解説**

自分の間合いを覚える

1対１を仕掛けるときの自分の間合いを覚えよう。自分の間合いとは、相手の足が届かないギリギリの距離のこと。そのギリギリの距離へアウトサイドで近づいて、インサイドで相手から離れる。そこからブロックされない位置へボールを運ぶ。

バックインアウトターン

相手に背中を向けたまま逆を取る

浮き球に対して反転し、相手とボールの間に体を入れて、コントロール。
相手に背を向けて、自分の右側へインサイドでボールタッチ。
そのまま右側へスピードアップするとみせて、右足をステップ。
相手が釣られた瞬間、左足アウトサイドで逆側へ運んでかわす

メッシ
Lionel MESSI
アルゼンチン／FW
1987年6月24日生まれ
身長170cm、体重72kg

1

コントロール 2

相手に背を向ける 3

左足インサイド 4

右足を…… 5

ステップ! 6

ブロック ⑦

相手の逆へ ⑧

左足アウトサイド ⑨

逆を取る ⑩

⑪

スピードアップ ⑫

リアルなプレーを切り取り解説

背中と手で相手の位置を確認する

相手に背中を向けているのに、メッシは簡単に突破できる。写真⑥をよく見ると相手の脇にメッシの手が見える。相手を目で確認するのではなく、背中と右手で相手の位置を確認しているのだ。相手が釣られたのを手で確認して、アウトサイドで逆側へ運ぶ。相手からは目線が見えないので、動きは読まれにくい。

ステイ・ムーブ

相手を止めてから、動き出す!

味方からのパスを受けるとき、相手に寄せられる。
左足の足裏でボールを止める。すると、相手の動きも一瞬止まる。
すぐに左足アウトサイドで縦に動き出す。
一瞬のスキをついて、左足でクロスボールをゴール前に蹴る

メッシ
Lionel MESSI
アルゼンチン／FW
1987年6月24日生まれ
身長170cm、体重72kg

① スペースで受ける

②

③ 相手に寄せられる

④

⑤ 足裏で止める

⑥

ステイ! 7

左足アウトサイド 8

縦へ動き出す! 9

10

左足でクロス 11

12

リアルなプレーを切り取り解説

1 瞬間的に動きの時間差を作る

受けた後にボールが動いていれば、相手はその動きに合わせてステップして対応する。ただ、ボールが止まれば、相手も止まる。一瞬遅れて。その遅れる時間差を使って、こちらはすぐにボールを動かして、クロスボールを蹴る時間を作る。１秒もない時間だが、その「差」を作るのがメッシはうまい。

スキル　パス

ドラッグプッシュ

読めないパスコースへ押し出す

サイドのイニエスタからのパスをイスコが足元で受ける。
右足インサイドの面でボールを引きずりながら、
パス方向を横から縦に変えて、押し出す。
走り込んだイニエスタへスルーパスをつないで、ワンツー。

イスコ
ISCO
スペイン／MF
1992年4月21日生まれ
身長176cm、体重74kg

START

① イニエスタからパス

② 足元で受ける

③ 右足インサイドで……

④ ボールを引きずる

⑤ 押し出す!

⑥ リターンパス

リアルなプレーを切り取り解説

1 ボールを長く触る

足元で受けたボールを、インサイドの面で引きずる。写真③から⑤までのように、長くボールを触る。そのまま横に流すこともできる状態から、足首を内側にひねって、縦へパスを出す。最後は強く押し出すようにボールを転がそう。

軸裏フリック

ワンタッチで意表を突くパス

サイドで後方からパスを受ける。体の下までボールを呼び込む。軽くジャンプして、右足インサイドでボールタッチ。軸足を前にジャンプさせ、内側にいるネイマールにパスをつなぐ。

コウチーニョ
Philippe COUTINHO
ブラジル／MF
1992年6月12日生まれ
身長172cm、体重68kg

1 パスを受ける

2 体の下まで呼び込む

3 右足インサイド

4 軸足を前にジャンプ

5 右足を振る上げる

6 パスをつなぐ

リアルなプレーを切り取り解説

フォロースルーで足を振り上げる

体の下でボールタッチ。軽く軸足を前にジャンプさせ、空中でタッチするイメージで行う。ボールに勢いがないときは、フォロースルーで足を振り上げると、強いパスにできる。体の向きとは違う方向へパスを出せるので、相手の意表を突ける。

スキル　パス

シザーズパス

シザーズと同じ足の動きからパス!

マルセロ
MARCELO
ブラジル／DF
1988年5月12日生まれ
身長174cm、体重80kg

左サイドでパスを受けて、ボールを左側へコントロールする。
左足でボールの前をまたぎ、相手をけん制する。
もう一度シザーズすると見せて、左足アウトサイドでパス。
少し浮かせたボールは、ネイマールへつながる

① パスを受ける

② 左側へコントロール

③

④

⑤ 左足で……

⑥ ボールの前を

またぐ ⑦

⑧

再びまたぐ? ⑨

アウトサイドでパス ⑩

少し浮かせる ⑪

味方へつなぐ ⑫

リアルなプレーを切り取り解説

同じ形から仕掛ける

シザーズはアウトサイドでボールタッチするように見せて、ボールの前をまたぐ。写真④と⑨を見比べると、同じ形から仕掛けている。だから、2度目の振りかぶりで、もう一度シザーズをするのではないかと、相手を惑わせてパスをする。そのパスも軽く浮かせて、残った相手の左足に当たらないようにするのもポイントだ。

スキル　ディフェンス

おとり足カット

守備でも自分の間合いにはめる

左サイドでネイマールと並走しながら1対1。左足を伸ばして、相手をけん制する。相手が縦へ突破すると見せたため、縦をケア。体勢を整えてから、もう一度左足を伸ばす。すると相手は縦へ突破する。左足で踏み込み縦へ対応して、ボールを奪う。

ムニエ
Thomas MEUNIER
ベルギー／DF
1991年9月12日生まれ
身長190cm、体重82kg

相手と並走 ①

左足を出す ②

相手がスピードアップ ③

縦をカバー ④

体勢を整える ⑤

左足を出す ⑥

左足を踏み込む 7

相手が縦へ 8

縦へ対応する 9

体をぶつける 10

ボールと相手の間 11

カットする! 12

リアルなプレーを切り取り解説

DFでも先にアクションを起こす!

DF側から先にアクションを起こし、相手を動かしてボール奪取を狙う。左足を出すが、それでボールをカットするのではなく、相手を動かすためのおとりだ。足を出せば、相手はボールと一緒に逃げる。そこが狙い目だ！ 縦へ突破してきたら、先に体をぶつけてから、ボールと相手の間に体を入れてカットする。

それって本当に合っている？
シューズ選びの心得

**上達するためには自分に合っている道具を使うことが大事！
特に、スパイクなどのシューズが足に合っていないと、
ミスプレーにつながるし、最悪の場合はケガをしてしまう。
サッカーがうまくなるために、シューズの選び方を勉強しよう！**

解説者
松本 大
（アディダス ジャパン株式会社）

●写真：松岡健三郎
●取材協力：アディダス ジャパン

自分に合ったシューズの選び方

屈曲位置の確認

足が屈曲する位置は決まっていて、親指の付け根付近から曲がる。それに合わせて、シューズも曲がるように作られている。自分の足が曲がる位置とシューズが曲がる位置が合っていることが重要。

カカトの位置を合わせたら、足を無理なく曲げられるか確認してみよう。

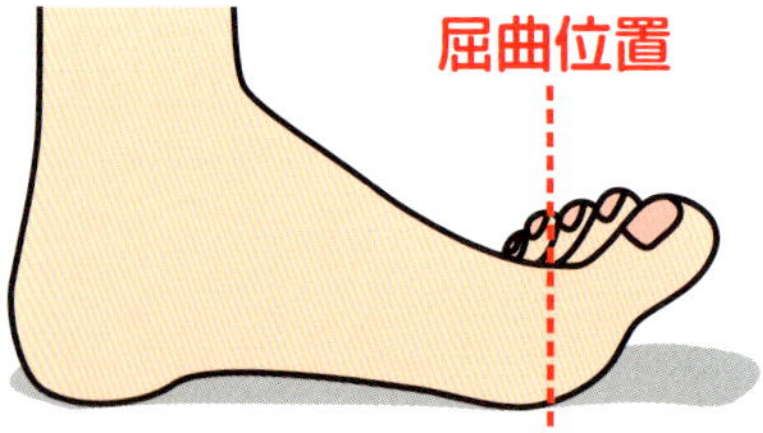

足とシューズの屈曲位置が正しいか確認

ひもを緩めて正しい順序で履く

まずは、靴ひも全体を緩めて、履きやすいように準備する。その状態ができたら足を入れて、カカトの位置や屈曲位置を合わせる。そして、ひもを締め直してフィットさせよう。

しっかりとひもを緩めず、カカト部を潰して履いたり、ツマ先を地面にたたきつけるようにして足を入れたりすると、シューズが痛んで壊れる原因になる。

立った状態で合っているか確認

試し履きをするときに、座ったままの状態で確認していないだろうか。

立つことで自分の体重がかかった足は、その幅を広げる。広がった状態で縦幅や横幅が合っているか確認しよう。

特に、縦幅の確認をするとき、ツマ先部分に適度な余裕があるかを確かめる。足の指が曲がった状態になっていないか、余り過ぎていて足がずれないかを確認。サッカーの場合、適した余裕は7ミリくらいと言われている。

環境に合ったシューズの選び方

地面に合わせたアウトソール

練習や試合をする環境はさまざま。天然芝、人工芝、土などがあるが、シューズはそれぞれの環境に合うように開発されている。主に、アウトソールと呼ばれる底面の構造が作り変えられている。

スパイクでいうと、スタッドと呼ばれるイボイボが違う。軟らかい地面用は、スタッドが長く角張って鋭いものが多い。硬い地面用は、短めで丸みのあるものが多い。下記の表を参考にして、よく練習する環境に合わせて使い分けよう。

アスファルトなどでボールを使わないランニングやアジリティーのトレーニングを行うときは、アッパーがメッシュ素材などのランニングシューズが最適。ただし、本格的なランニングシューズだと、前に走るためだけに開発されていて、前後左右の動きには適さない。平らでグリップ力のあるソールを選ぼう。

環境		種類表記	アウトソールの特徴	
ターフ	短めの人工芝（ショートパイル）	TF	スタッドが小さくて短く多い	
ファームグラウンド	天然芝	FG	スタッドが長く鋭い	
アーティフィシャルグラウンド	長めの人工芝（ロングパイル）	AG	スタッドが長めで丸みがある ※写真はAGとHGの兼用	
ハードグラウンド	土などの硬い地面	HG	スタッドが短く多め ※写真はAGとHGの兼用	
インドア	体育館などの床	IN	ラバー素材で平ら	
ストリート	アスファルトやコンクリートなど	TR	普段履き用など	

プレースタイルに合った選び方

どんなプレーをしたいかで選ぶ

アディダス社は、選手のプレースタイルに合ったスパイクを提案する。ボールタッチを重視する選手にはコパ、ボールコントロール重視にはプレデター、スピード重視にはエックス、アジリティー重視にはネメシスを勧めている。

どんなプレーをしたいかという思いが上達する秘訣で、そのきっかけにしてほしいという願いが込められたラインナップになっている。

●COPA
タッチ重視のコパ。ディバラ、クロース、宇佐美貴史などが着用

●PREDATOR
コントロール重視のプレデター。ポグバ、エジル、内田篤人などが着用

●X
スピード重視のエックス。サラー、ベイル、スアレス、久保建英などが着用

●NEMEZIZ
アジリティー重視のネメシス。メッシ、フィルミーノ、南野拓実などが着用

スタジアムを楽しもう!（味の素スタジアム編）

スタジアム観戦がもっと楽しくなる情報をご紹介。
小さい子ども連れでも大丈夫！
週末は親子でスタジアムに行こう！

●ナビゲーター：鈴木彩子（FC東京サポーター）

基本データ

味の素スタジアム

●所在地：東京都調布市
●収容人数：49,970人
●最寄駅：京王線飛田給駅、西武多摩川線多磨駅
●ホームクラブ：FC東京、東京ヴェルディ

※数字は、試合観戦までの主な時系列順です

4 ベビーカー・授乳室

ベビーカーは各入場ゲートにて一時預かりをしてくれる。スタジアム内に持ち込むことも可能だが、コンコースでの使用や保管位置は要注意。授乳室は、メインスタンド・バックスタンドの計2カ所。

3 青赤パーク
（FC東京のホームゲーム時に設置）

南側広場の「青赤パーク」では、無料のサッカーイベントやゲーム、ここでしか食べられないグルメが盛りだくさん！サッカー盤や巨大ドロンパの中で遊べる「ふわふわドロンパ」が子どもたちに大人気！フード情報はオフィシャルHPにて発表されるので、事前にチェックしよう！

2 チケット

味の素スタジアムのメイン5ゲート外・バック2ゲート外の2カ所に当日券売り場あり。人気の試合は売り切れで買えないことも。前売りチケットは「チケットFC東京」や各種プレイガイドにて当日チケットより割安でゲットできるのでお得！

1 アクセス

飛田給駅から徒歩5分、多磨駅から徒歩20分。

近隣駅（調布駅、多磨駅、武蔵境駅、武蔵小金井駅、狛江駅）からバスも利用可。ビッグゲームでは駅も道も混雑必至、早めに行動しよう。

スタジアムでの服装に迷ったら……

スタジアム内コンコースに、オフィシャルショップが点在。お気に入り選手の背番号が入ったユニフォームを買うも良し、チームカラーで彩られたTシャツやマフラー、シュシュや髪留めを買うも良し。キャラクターやブランドとのコラボグッズなど、試合日ごとに新グッズが入荷されるので、ショップをのぞくだけでも楽しい♪

6 コンコース

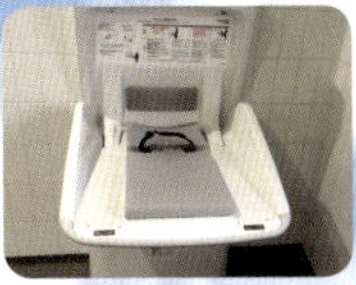

[トイレ]

スタジアムのコンコースに男女トイレが設置。女子トイレには男児用のトイレ、オムツ交換台（各所1台）も完備。子ども用に背の低い洗面台もあり。試合前やハーフタイムは行列になるので要注意！

[フード&ドリンク]

フードやドリンクは、スタジアムコンコースでも販売されている。位置によって出店ショップが異なるので、コンコースをぐるっと歩いてお目当てのフードをゲットしよう！

7 ナーサリー
(一時託児サービス)

満1歳～6歳の未就学児向けの託児サービス。料金は税込3,000円。完全予約制なので、事前にオフィシャルHPの申し込みフォームから申し込もう。

※平日の試合ではこのサービスは実施されません

「You'll never walk alone《ユール・ネバー・ウォーク・アローン》」の大合唱

選手たちがピッチに出てくるウォーミングアップは、キックオフの約45分前。そしていよいよ大型ビジョンに選手や対戦相手の紹介が映し出されると、サポーターの盛り上がりも最高潮！FC東京のホームゲームではキックオフ直前に、リバプールやドルトムントのサポーターが歌うことでおなじみの「You'll never walk alone」の大合唱がある。その雰囲気は感動モノ！

5 座席

[自由席]

サポーターと一緒に跳んだり歌ったりしながら応援したい人は、「ゴール裏」と呼ばれる自由席へ！試合中は周囲の人が立って応援するため、座って試合を観たい人、小さなお子さんがいる人は2階の自由席がオススメ。

写真：PIXTA

[指定席]

時間に余裕を持ちたい人、家族でゆっくり、ひとりでじっくり観たい人にオススメ。メインスタンド側からは、監督がベンチから指示を出す光景や、交代シーンを間近に観ることができる。バッグスタンド側は、季節や時間帯によっては太陽に照らされて暑い、まぶしい、なんてことも……冬は暖かい(笑)

今シーズンからFC東京ホームゲーム時のスタジアム内イベント・グルメなどがリニューアル！　より一層熱く楽しいJリーグライフが待っています！

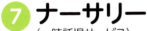

連続写真で超絶スキル・ラボ

日本代表&Jリーグ編

切れ味鋭い中島翔哉のシザーズ。重心や足の運びに注目！
しなやかなイニエスタ。相手をいなすタイミングが絶妙！
相手がよく見えている久保建英。重心移動、姿勢の良さが抜群だ!!

●構成、連続写真：松岡健三郎　●写真：Getty Images

スキル　パス

アウトスルーパス

プレーの幅が広がるパス

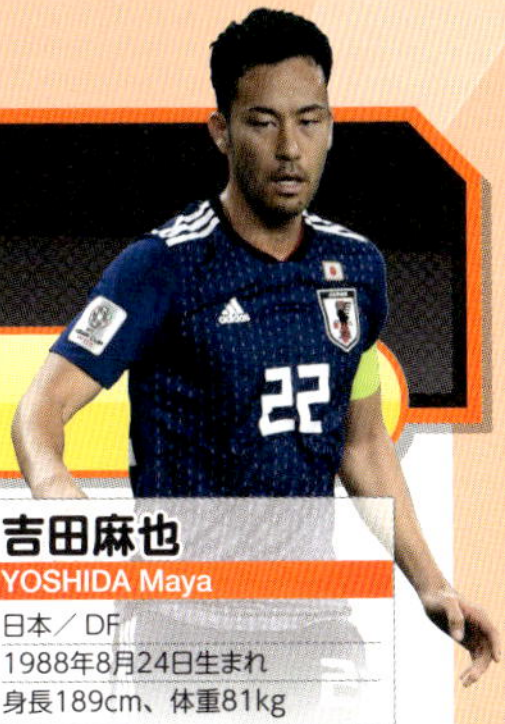

最終ラインの吉田麻也が足元にボールを置く。前線の南野拓実が走り出したのを見て、すばやくキックモーションに入る。右足アウトサイドでパス。カーブのかかったボールは相手のセンターバックとサイドバックの間を通って、南野拓実につながる

吉田麻也
YOSHIDA Maya
日本／DF
1988年8月24日生まれ
身長189cm、体重81kg

リアルなプレーを切り取り解説

足元にボールがあってもクイックに蹴れる

味方が走り出して、蹴りたいときに足元に近いところにボールがある状況では、1ステップでアウトサイドを使えば、カーブのかかったボールが蹴れる。アウトサイドで長い距離の速いボールを蹴るのは難しいが、できると便利なキックだ。

スキル ドリブル

シザーズタッチ

ボールをまたいで、離れる!

中島翔哉
NAKAJIMA Shoya
日本／MF
1994年8月23日生まれ
身長164cm、体重64kg

相手に向かってボールを運び、自分の間合いから右足でボールの前をまたぐ。相手の動きを一瞬止めて、右足インサイドでボールを外に持ち出して離れる。一気に縦へスピードを上げて相手を振り切り、左足でクロスを入れる。

START

1

2

右足で……

3

ボールの前を

4

またぐ

5

右足インサイド

6

7 相手から離れる

8

9

10 スピードアップ

11

12 クロスを蹴る

リアルなプレーを切り取り解説

ボールをまたいだらすぐに動かす!

ボールをまたぐ「シザーズ」だけで相手の逆を取って、突破するのは難しい。だからシザーズをして、相手がほんの一瞬止まったのを逃さず、相手から離れるように外側へタッチする。そこから一気にスピードアップして置き去りにする。外側にボールを持ち出すために、体の向きを内側にして（写真④）仕掛けるのもポイントだ。

シザーズダブルタッチ

相手の足が出てきたら連続タッチ

右足でボールの前をまたぎ「シザーズ」をする。
相手を引きつけて、ボールを奪いに来た瞬間、
右足インサイド→左足アウトサイドで「ダブルタッチ」してかわす。

中島翔哉
NAKAJIMA Shoya
日本／FW
1994年8月23日生まれ
身長164cm、体重64kg

右足インサイド ⑦

相手が足を伸ばす ⑧

左足アウトサイド ⑨

相手の足が届かない ⑩

⑪

かわす ⑫

リアルなプレーを切り取り解説

相手の足が届かないところへ運ぶ

写真⑦から⑪の中島翔哉の視線に注目だ。中島翔哉の目線は相手の足元を見ている。相手の右足が動いたのを見て、右足インサイドでボールを横にずらしている。相手の足の長さも計算して、自分の幅より大きく動かし、相手の足が届かないところへ運ぶ。すばやく相手とボールの間に体を入れて突破する。

アウトサイドターン

アウトサイドでボールを止めてターン

左サイドからカットイン。そのままスピードアップするように見せる。右足アウトサイドでボールを止めて急ストップ。相手をブロックしながら右にターンして、さらに右足アウトサイドでタッチ。相手を中心に回って、かわしてスピードアップする。

原口元気
HARAGUCHI Genki
日本／FW
1991年5月9日生まれ
身長177cm、体重68kg

1

内側に持ち出す 2

3

そのままスピードアップ? 4

左手でブロック 5

右足アウトサイドで止める 6

7 ターン

8 右足アウトサイド

9 ブロック

10 ターン

11 逆を取る

12 スピードアップ

リアルなプレーを切り取り解説

1 アウトサイドでボールを上からタッチ

縦へ突破するスペースを作るために、一度内側へ持ち出す。スピードを上げるフリから、ボールを止める。そのときに写真⑥のようにボールの上からアウトサイドで押さえるようにタッチすると、逆スピンがかかりボールが止まりやすい。また、タッチした足を踏み込んで、その足を軸にしてすばやくターンをする。

スキル　パス

ダブルタッチパス

斜めに大きく動かしてからパス!

原口元気
HARAGUCHI Genki
日本／FW
1991年5月9日生まれ
身長177cm、体重68kg

左サイドからボールを運ぶ。後ろから来る相手を引き寄せる。右足裏でボールを斜めに運ぶ。相手からボールを遠ざけてスライディングをかわす。相手2人の間へ左足インサイドでパスを通す。

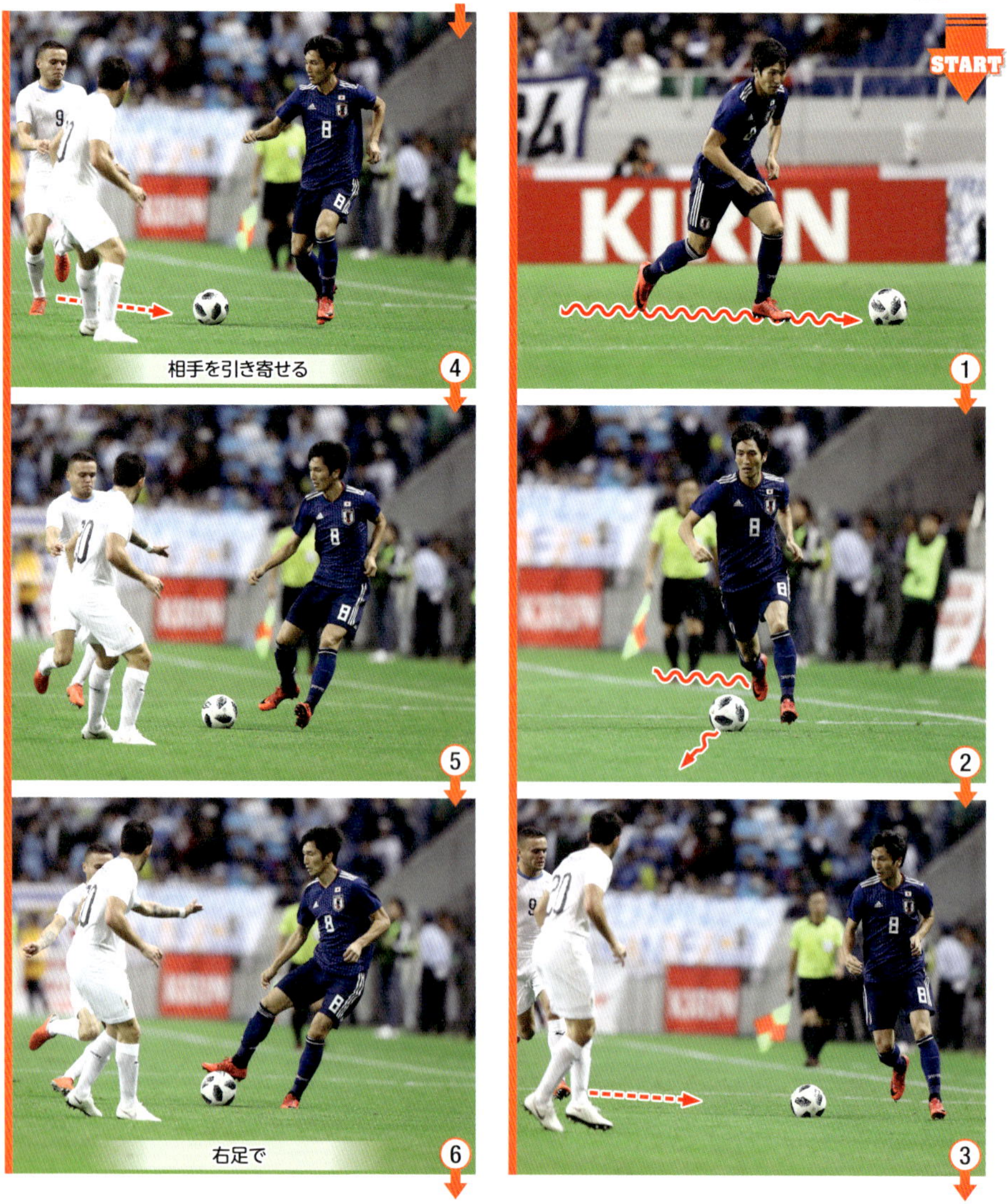

足裏で斜めへ 7

足をクロスさせる 8

スライディングをかわす 9

10

左足インサイド 11

相手2人の間へ通す 12

リアルなプレーを切り取り解説

足をクロスさせて軸足を抜くステップ

後ろから来る相手もしっかり見て、一気に2人を手玉に取った賢いプレーだ。足裏で斜めにボールを運び、相手のスライディングが届かないところへ置く。そのときに軸足（左足）に当たらないように、足をクロスさせながら左足を抜くようにステップすると、スムーズにパスを出せる。

スキル　ドリブル

オープン&クローズ

相手が来たら、ボールを動かす

サイドでボールを持ったとき、相手が寄せてくる。ある程度引きつけてから、相手の重心が前に来たら、右足裏でボールを引く。食いつかせてすぐに、右足インサイドで前に押し出す。逆を取ってかわし、縦にパスをつなぐ。

イニエスタ
Andres INIESTA
スペイン／MF
1984年5月11日生まれ
身長171cm、体重68kg

リアルなプレーを切り取り解説

体を開いて、閉じるイメージで仕掛ける

ボールを引いて、前に押し出す単純な動きだが、大事なのはタイミングと体の動き。相手を引きつけて、前重心のタイミングでボールを引く。そして、体の向きを縦→中（開いて）→縦（閉じる）に変えることで、相手を中に食いつかせて、逆を取る。

ブロック&ヒールパス

ブロックテクニックは今や必須!

ゴール前で浮き球のパスを受ける。背後から密着マークされる。お尻で相手のモモをブロックして、相手のバランスを崩す。バウンドしたボールに対して、半身になって相手を左腕でブロック。右足のかかとで味方へパスをする。

ビジャ
David VILLA
スペイン／FW
1981年12月3日生まれ
身長175㎝、体重69kg

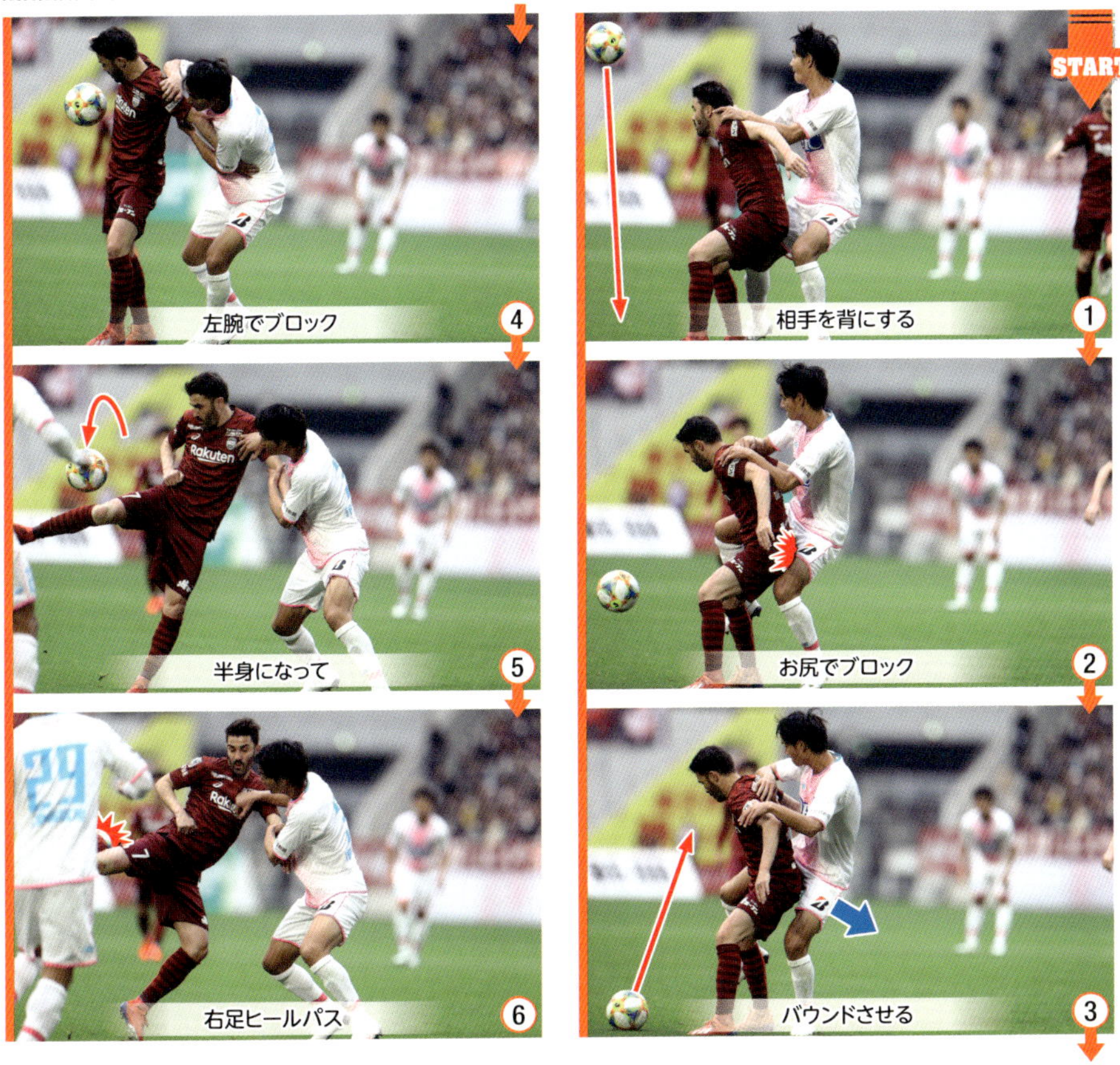

リアルなプレーを切り取り解説

お尻、腕、ヒジで相手をブロック

ゴール前でのボールキープはとても重要だ。相手を背にして、お尻を相手のモモに乗せ、相手のバランスを崩し、足を出させなかった（写真②と③）。さらに腕→ヒジでブロックして半身になり、相手が触れない距離をキープしたから、ヒールパスができた。

直角アウトイン

片足の連続タッチで直角に動かす

サイドで相手と１対１。背筋を伸ばし、突破の準備に入ったことを相手に見せる。相手が縦を切ってきたため、左足アウトサイド内側にタッチ。連続して左足インサイドで縦へ持ち出し、ボールを直角に動かして、相手をかわす。

久保建英
KUDO Takefusa
日本／FW
2001年6月4日生まれ
身長173cm、体重67kg

リアルなプレーを切り取り解説

自分のタイミングで相手を先に動かす

止まった状態から写真①のように背筋を伸ばして、「今から仕掛けるぞ！」とあえて見せる。縦と内側とどちらにも行ける状態を作り、相手が先に縦を切ってきたので、逆の内側へボールを運ぶ。ボールを直角に動かして、最短距離で突破する。

スキル　コントロール

シャペウ

背後からの相手を頭上からかわす

後方からパスを胸でコントロールしたら、背後から相手が勢いよく寄せてきた。ボールを落とさずにそのまま右足インステップで背後へ浮かせる。勢いよく寄せてきた相手の頭上を通して、入れ替わる。浮き球をコントロールして突破成功。

マルコス・ジュニオール
MARCOS JUNIOR
ブラジル／FW
1993年1月19日生まれ
身長167㎝、体重66kg

① 胸トラップ

② 足元へ

③ 右足インステップ

④ 後ろへ浮かせる

⑤ 相手の頭上へ

⑥ ボールコントロール

リアルなプレーを切り取り解説

相手の特徴を試合中に確認する

相手が勢いよく寄せてくるタイプには仕掛けやすいスキルだ。その勢いも利用して、丁寧にボールの下をタッチして背後のスペースへ浮かせる。相手が待って守るのか、勢いよく寄せてくるのか、試合中にしっかり研究しながら仕掛けてみよう。

meari
mercari
ki Abe

INTERVIEW

安部裕葵

鹿島アントラーズ
MF/10

My Soccer Roots
ぼくの原点

「壁はあっても挫折はない」
鹿島アントラーズでエースナンバーの背番号10を背負い、
コパ・アメリカでA代表デビューを果たした日本サッカー界のホープは、
子ども時代どのようにサッカーと向き合っていたのだろうか。

●取材・文：田中滋　写真：宇高尚弘、Getty Images

小学生のときから勝ち負けを意識

——サッカーを始めたのは何歳の頃ですか？

幼稚園に入る頃からやっていたかな、という記憶があります。園庭でボールを蹴っていたので、たぶんその頃にはサッカーをしていたんでしょうね。

——サッカーを始めたきっかけは？

2つ年が離れている兄の影響です。自分で行くと言いだしたのか、親に言われてだったのかは覚えていませんが、何事も兄のまねをしていたので「兄貴がサッカーに行くなら俺も行く」という感じでした。幼稚園の年中の頃には兄と一緒に街クラブに通っていたと思います。

——ボールを蹴るのが楽しくて夢中だったのでしょうか？

うーん、全然記憶にないですね。でも、小学校に入って相手と戦うというか、勝負の世界がなんとなく理解できて、勝つということにはこだわってやっていました。勝ち負けを意識するようになったのは結構早かったと思います。

——小学生のときから勝ち負けを意識されていたんですね。

通っていたクラブは結構厳しかったので。なんとなく指導者の

ことを怖いなと思いながら行っていた記憶があります。でも、僕が良いプレーをすれば褒めてくれるし、やらなかったら怒られたので、とてもメリハリのある指導だったと思います。サッカーは手を抜くものではないと思っていたので、必死にやっていました。

――サッカー以外のことはどうですか？

小学校から出る宿題もためてしまうタイプでしたし、お菓子も普通に食べていました。

――どうしてサッカーは違ったのですか？

自分の性格に合っていたからだと思います。水泳もやっていたんですけど本当に嫌でしたね。泳げないわけではなかったんですけど、全然楽しくなくて。サッカーで試合に勝つ充実感に比べると、水泳は達成感がなかったんです。あとは小さい頃にサッカーをやっていると、男子からも女子からも一目置かれる。それも踏まえてサッカーというスポーツが気に入っていたと思います。サッカーをやっている自分が好きだったのかもしれません。小学校のなかでクラブチームに入ってサッカーをやっているのは僕だけで、クラスメイトだったFC東京の岡崎慎は小学校の部活でした。大会に出ると僕らのチームは東京の北区でも一番だったので、そういう意味でも調子に乗っていましたね。

――小学校のときに好きだったプレーはシュートやドリブルだったのでしょうか？

なんとなくリフティングできる人がすごい、みたいな風潮があったのでリフティングをいっぱいしていました。ドリブル練習とかはしてないですね。生まれつき両足で蹴れたんで交互にリフティングしていました。

――では、ドリブルを磨き始めたのはいつ頃ですか？

いや、ドリブル練習は一切やってきてないですよ。チームでやる練習くらいで、特別なことは全然やってないです。嘘をついて「やった」と言ったほうがいいですか？（笑）

――小さい頃にドリブルを猛特訓したのかと思っていたので意外でした。

そういうと天才キャラみたいに聞こえてしまうかもしれないですけど、ドリブルのイメージがついたのはプロになってからです。それまでは全然してなかったです。

――小学校時代でサッカーがうまくなっていると実感した出来事はありますか？

サッカーは
手を抜くものではないと
思っていたので、
必死にやっていました

シンプルにリフティングの回数が増えること、あとはボールの飛ぶ距離ですね。ゴールのクロスバーを越えるボールを蹴れるようになったときはすごくうれしかったです。

——小学生時代に思い出に残っていることはなんですか？

小学校の部活でプレーしていた（岡崎）慎が、途中でクラブチームに移ったとき、僕らのクラブと大会の準々決勝で対戦したんですが、初めて負けてしまったんです。それまで慎がいるチームには1回も負けたことがなかったんです。そのときトレセンの選考は終わっていたんですが、慎は急遽追加でブロックトレセンに入って、地域トレセンにも入って、気がついたら都トレセン、ナショナルトレセンと、ぽんぽんと上がっていきました。地域トレセンの初めての練習試合をＦＣ東京の下部組織とやったとき、慎はそこでのプレーを評価されてＦＣ東京の練習会にも行き始めた。それがなんかすごく悔しかったですね。ポンポンポーンって進んでいく姿がうらやましかったです。

中学2年生のときに訪れた転機

——そういう悔しい経験をしたことで、サッカーに対する向き合い方は変わりましたか？

そのときはもう自分の１００パーセントで向き合っていたので、変わってないです。ただ悔しいだけですね。自分のほうが慎よりうまいとは思ってないですし、むしろ認めていました。

――これまでの話の延長線上に、今の安部選手がいることは想像できません。どこで転換が起きたのでしょうか？

中学2年生のときですね。そこでなにもかもが変わりました。そのときどういう気持ちでいたのかまでは覚えていないんですけど、親の姿を見て強く感じることがありました。僕の親は仕事のことをあまり話してくれていなかったので、特別には考えていなかったのですが、ある日、昼も夜も働いている姿に気がついて。それで、「俺もやらなあかん」と思いました。

――具体的にはなにが変わったのですか？

自分を客観的に見るようになりました。

――自分に足りないところや良いところを客観的に評価できるようになった、ということでしょうか？

いえ、自分のことを評価するとは違います。常に、もう一人の自分が自分のことを上から見ている感じです。そこからは炭酸も飲まなくなったし、野菜も食べるようになり、どんどん変わっていきましたね。

――その行動が、この先どこにつながっているのか見えるようになったということですか？

途中で自分だけに
集中するように変えました。
そこで、まわりがどうだろうと
関係なくなりましたね

うーん、誰かが見ているときにカッコ良い人でいたほうが良いじゃないですか。そんな感じです。だから、自分の頭のなかで「カッコ良い」と思えることをやるようになりました。ぼーっと下を向いているより一生懸命取り組んだほうがかっこ良いじゃないですか。勉強もそうですよね。テストで良い点を取ったほうがカッコ良い。じゃあ、テストもがんばろう、みたいな感じです。授業中もめっちゃ眠くても寝ないほうがカッコ良い。もちろん24時間、客観的でいるのは難しいので眠ってしまうときもありましたけどね。

――客観的に自分を見ることで自分に足りないところをトレーニングして克服し、また新しい課題に取り組むという感覚でしょうか？

いえ、そういう感じではなく、自分の体をコントローラーで動かしているみたいな感覚です。客観的に見えているので自分の手の届かないものはわかりますし、届くものもわかる。だから、一歩一歩、コツコツやっていました。

――なるほど。そうすると、できないことに関して無駄に悔しさを感じることもなさそうですね。

ああ、そうですね。悔しさはないですね。それから他人と比較しなくなりました。今までは慎だったり、自分の同級生だったりと比べていました。いつも親から誰々は勉強している、誰々は一生懸命やっている、お兄ちゃんは、と言われ続けてきたので自分でも他人と比較する癖がついていました。でも、途中で自分だけに集中するように変えました。そこで、周りがどうだろうと関係なくなりましたね。

――基準を自分に置くわけですね。

人はなにかと他人と比較したがるものです。でも、比較されるのが好きな人なんて絶対にいない。自分自身も比較されるのが嫌なのに、何事においても比較していました。テストの点数も、授業中の態度も、「あいつは起きているのに自分は寝てしまった」と勝手に思い悩んでいましたね。でも、そこからはまったく関係なくなりました。

人と比べず自分に集中する

――そのように自分を客観視することは、プロになった今も生きていますか？

今も向上心以外ないです。体を大きくしたい、足を速くしたい、ボールタッチももっとうまくなりたいなど、いっぱいあります。

ボールタッチがうまくなりたいんだったら体の柔軟性、筋力を上げることかもしれないですし、逆に落とすことかもしれない。体重を増やす、落とす。いっぱいボールを触る練習をする。取り組み方は、いろんなことがありますけど、自分を客観視すると、自分で工夫しながらやればいいだけの話なので、「どうしたら良いんやろ」とか悩むことは全然ないです。

――今、チームではなかなか先発の機会が得られていません。いろいろなことを試している期間なのでしょうか？

いえ、試合に出ようが出まいが自分がやることは変わりません。試合に出るための取り組みではなく、「なんとなくこうなりたい」という自分のイメージがあるので、そのためにがんばっています。

――その連続がプロにつながってきたわけですね。今までに挫折するような経験はなかったのですか？

ないですよ。サッカーが楽しくて心が折れたなんて経験ないですよ。むしろ挫折の感覚が僕にはわからないですね。まわりとは比較しないので。比較することを止めてなかったら「ああ、こいつには勝てないな」とか何度も思っていると思います。今でも「この選手すごいな」とは思うので。でも、基準が目の前の選手に〝勝てる〟か〝勝てない〟か、じゃないんです。自分がやれるところまでやれればそれで良いので、僕には挫折の感覚がわかりません。

――どこまで自分を高めていけると思っていますか？

わからないですね。上も見ずに、どんな山かもわからず、とりあえず上に歩いている感じなので。頂上に登るまでには坂を下ることもあります。今までもそういう経験は何度もありますし、足が止まることもあります。でも、前に進もうとする意欲があれば良いんじゃないですか。山頂まであとちょっとかもしれないのに、途中で山を下りてしまうのはもったいない。今までが無駄になってしまう。本当は無駄にはならないんですけど、もったいないなと思うんですよね。がんばった経験は他のところでも絶対に生きますし、違う山に登るときでも、そこで工夫したり考えたりすることで得た知識や知恵を生かすことができる。だいたい20歳にもなれば、それまでしっかり生きていれば、思い悩んだときにどうすればいいかなんてわかっていると思う。だから、止まることはないんじゃないですか。小さい頃は親が言ってあげる必要があるかもしれないですけど、もう20歳にもなれば止まっている時間なんてない。他人と比較

サッカーが楽しくて
心が折れたなんて
経験ないですよ
LIXIL
mercari
10

せず、自分の中で「こういうときはこうすればいいんや」というのがわかっていれば大丈夫だと思います。だから、壁はあっても挫折はないです。

――腑に落ちました。ただ、読者の方が「明日から自分を客観視してみよう」と思っても実践するのは難しくないですか？

そうですよね。僕は父親にそう言われて育ってきたのが大きかったと思います。母親は兄と比較して助言してくることが多かったのですが、父親は「周りなんか気にするな」と言ってくれる人でした。「周りがなんか言ってこようが、道路に走っている車だったり、道に生えている街路樹と同じ景色だと思っておけ」と言われていましたね。「自分にとってプラスのものは全部取り入れれば良い。それ以外の、自分のためにもならないことは景色だと思っておけ」と言われました。それがあって、他人と比較せず自分だけに集中することができるようになったと思います。

――それでは最後に、読者の子どもたちに向けたメッセージをお願いします。

楽しむのは大事ですけど、結局は他人と戦ったり、競い合ったりすることが大事なんですよね。そこが別になってしまうとうまくいかないと思いますし、逆にそこがマッチングしている人は伸びると思います。人と争うことが楽しい。それがすごく大事だと思います。あとはとにかくボールに触ること。僕はめちゃくちゃ触ってきたほうではないのですが、小学校の頃にボールタッチがうまかったなと思った人と会うと、今でもその風格がある。とにかく、ボール を触る環境、触りやすい環境に身を置くことが大事だと思います。

PROFILE

安部裕葵（あべ・ひろき）

1999年1月28日生まれ。東京都出身。幼稚園のときに兄の影響でサッカーを始める。小学生時代は城北アスカFC、中学時代はS.T.FC（旧帝京FCジュニアユース）に所属。高校時代は地元東京を離れ、広島県の瀬戸内高校に進学。3年時には広島県で開催された全国高校総体にて3ゴールを挙げ、チームのベスト8進出に貢献。年代別日本代表未経験であったが、スカウトの目にとまり、2017年に鹿島アントラーズに入団。1年目からリーグ戦13試合に出場する。2018年にはJリーグベストヤングプレーヤー賞を受賞。コパ・アメリカ2019でA代表デビューを果たす。ゴールへの多彩な仕掛けとアグレッシブなプレーでチームをけん引する。

安部選手の直筆サイン入りグッズを抽選で4名様に！

Ⓐ Tシャツ1名　Ⓑ カード入れ1名　Ⓒ 下敷き2名

応募方法　官製ハガキに、①住所②氏名③年齢④電話番号⑤ご希望の商品番号（A ～ C）をご記入の上、下記の宛先までお送りください。

宛先　〒169-0051　東京都新宿西早稲田3-30-16
東邦出版株式会社「サッカー ラボ」読者プレゼント係

〈応募締め切り〉2019年9月末まで。

連続写真で**超絶**スキル・ラボ

シュート編

ドリブルにテクニックスキルがあるように、
シュートにもたくさんのスキルがある。
シュートスキルを覚えて、相手が目の前にいても
ゴールを決められるようにしよう！
スキルアップしてゴールを量産しよう！！

●構成、連続写真：松岡健三郎　●写真：Getty Images
●取材協力：青山学院大学　●撮影協力：福田悠、渡貫舜大、溝井東

[デモンストレーター]

福永泰●ふくなが・やすし

1973年３月６日生まれ、東京都出身。桐蔭学園高→青山学院大と進み、９５年に浦和へ。スピードとテクニックを生かし、ＦＷとＭＦで活躍した。０２年より仙台に移籍し、０４年に現役を引退。Jリーグ通算１４３試合出場２６得点を記録した。引退後はサッカー解説者、スクールコーチとして活躍。青山学院大サッカー部監督や仙台のトップチームのコーチ務めてきた

スキル　シュート

チップシュート

ボールの下をタッチして浮かせる

ゴール左からドリブルで抜け出す。GKが出てきたタイミングで、右足でファーサイドへ強いシュートを打つと見せてシュートモーションへ。ボールの下にツマ先を入れて浮かせる。GKと寄せてきた相手の足の上を越えて、ゴールを決める。

モデル選手
ネイマール
NEYMAR
ブラジル/FW
1992年2月5日生まれ
身長175cm、体重68kg

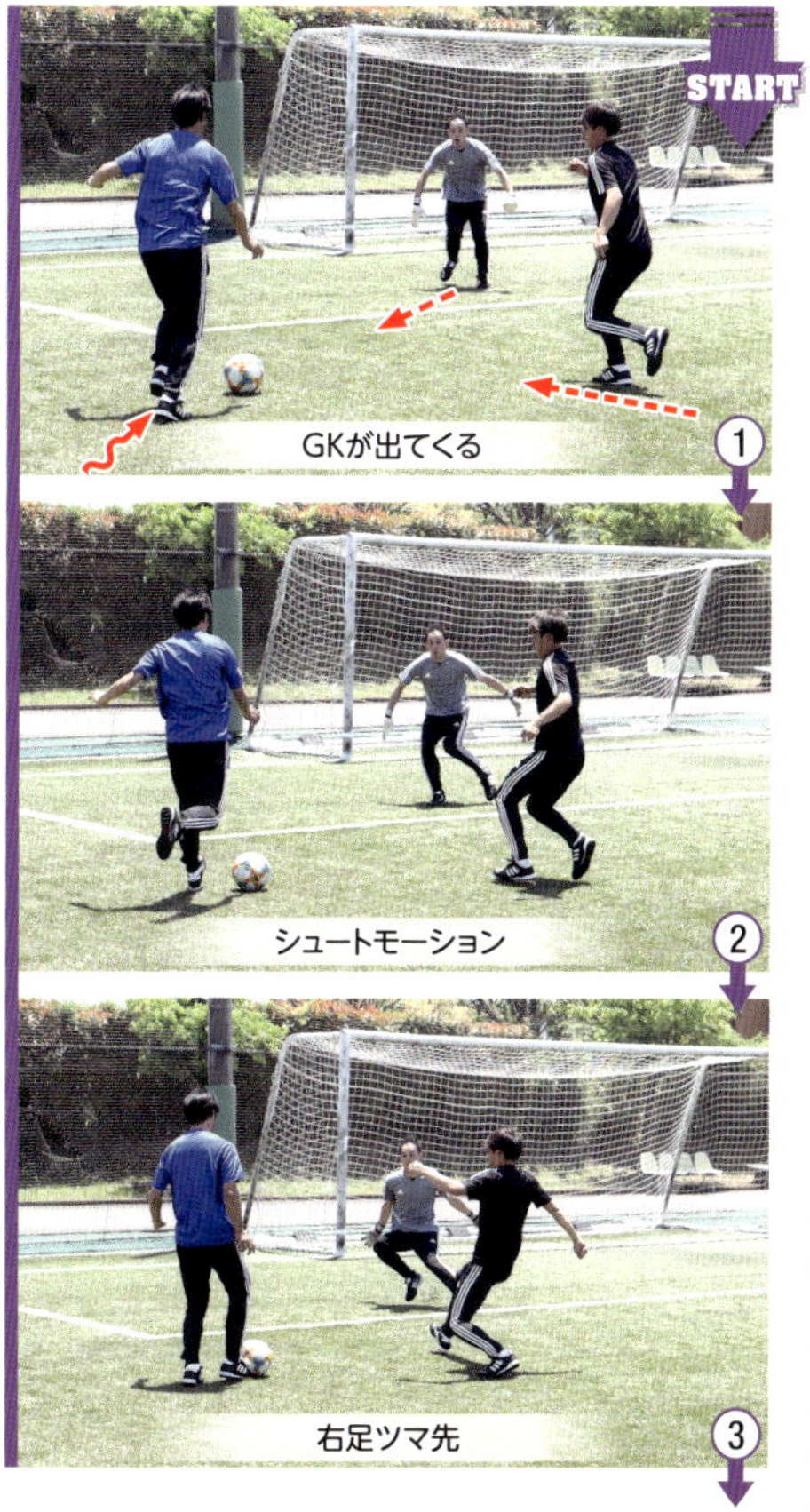

① GKが出てくる
② シュートモーション
③ 右足ツマ先

④ 小さく浮かせる
⑤ ゴール

ズームポイント　ボールと地面の間に足を入れる

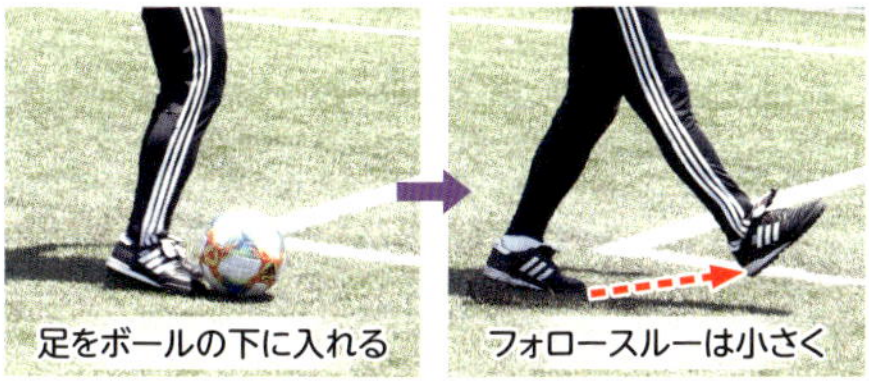

足をボールの下に入れる　フォロースルーは小さく

リアルなプレーを**切り取り解説**

大きなシュートモーションでキックフェイント

大きなシュートモーションでGKを飛び込ませましょう。GKが倒れ込むと同時にツマ先をボールの下に入れて、蹴り足を止めるイメージで蹴る。フォロースルーを小さくすると、ボールは小さく浮いてブロックに来た相手の足の上へを通る。

スキル　シュート

ループシュート

ボールを下から大きく持ち上げる

ゴール前に抜け出し、GKと１対１。GKが前に出てシュートコースを狭めてきた。左足のシュートモーションから、ツマ先をボールの下に入れて持ち上げる。ボールを大きく浮かせて、GKの頭上を狙う。GKを越えたボールはゴールに吸い込まれた。

モデル選手
グリーズマン
Antoine GRIEZMANN
フランス/FW
1991年3月21日生まれ
身長176cm、体重73kg

① ゴール前に抜け出す

② シュートモーション

③ 左足ツマ先

④ 持ち上げる!

⑤ 大きく浮かせる

⑥ GKの頭上へ

ゴール!! ⑧

GKを越えて ⑦

ズームポイント 足を上に振り上げる

ループシュートはボールを大きく浮かせるため、ツマ先にボールを乗せるようにして、長く触るのがポイントだ。ボールの軌道は、蹴り足のフォロースルーで変わってくる。足を前に振るとそれほど高さは出ない。上に振り上げるようにするといい。何度も研究して、自分に合った足の振りをみつけて、高さを自由に調節できるようにしよう。

振り上げる　足に乗せて持ち上げる　ツマ先をボールの下に　シュートモーション

リアルなプレーを切り取り解説

GKの位置も重要だ

ボールをしっかり足に乗せて持ち上げるのも重要だが、GKの位置も重要なポイントだ。GKが前に出てきてシュートコースを狭めてきたとき、こちらとの距離があって、ゴールから離れている位置が狙い目だ。ただ、GKの上を狙えば良いのではなく、「自分とGKとゴール」の３つの距離感を確かめてから蹴ろう。

トーキックシュート

ツマ先でシュートして素早く打つ

モデル選手
サラー
Mohamed SALAH
エジプト/FW
1992年6月15日生まれ
身長175cm、体重71kg

味方からのパスを受けて、前にコントロールして抜け出す。
GKが前に出てくると同時に、左足でシュートモーションに入る。
左足ツマ先でトーキックシュート。
GKのタイミングをずらして、ボールをゴールへ流し込んだ。

①

② パスを受ける

③ 前にコントロール

④ シュートモーション

⑤ トーキックシュート

⑥

GKのタイミングをずれる ⑦

ゴールへ流し込む ⑧

NG 普通にシュートを打つとタイミングが合う

インサイドやインステップでシュートすると、GKはタイミングを合わせやすいため、ゴールのきわどいコースを狙わないと止められてしまう。

シュートモーション ①

インサイド ②

止められる ③

リアルなプレーを切り取り解説

ボールの位置は気にしない

トーキックはツマ先でボールの真ん中をとらえれば、力がなくても強いシュートが打てる。インサイドやインステップで強いボールを蹴るときは、ボールの横に軸足を置いて蹴らないといけないが、トーキックはボールの位置がどこにあっても強く蹴れる。GKのタイミングをずらすこともできるため、止められにくい。

スキル　シュート

オープンインシュート

ニアと見せて、ファーに流す

ニアサイドへ走り込み、グラウンダーのパスを受ける。右足でニアサイドを狙ってシュートモーション。相手がシュートコースをブロックしてきたので、打たずにボールを左側に流す。左足インサイドでボールをとらえて、ゴールのファーサイドに決める。

モデル選手
ルイス・スアレス
LUIS SUAREZ
ウルグアイ/FW
1987年1月24日生まれ
身長182cm、体重86kg

START

1 ニアサイドへ

2 右足でニアを狙う?

3 右足では打たない

4 左に流す

5 左足インサイド

6 ファーサイドへ

ゴール!! ⑧

⑦

ズームポイント 相手をニアサイドに寄せる

右足でニアサイドにシュートするようにキックモーションを入れて、DFとGKをニアサイドに寄せるのがポイントだ。その右足をしっかり踏み込んで、体を開き、股関節も開いてインサイドで流す。

キックモーション

体を開く

股関節を開いてインサイド

リアルなプレーを切り取り解説

ボールをしっかり見て「点」でとらえる

右サイドから来たボールを流して、左足のインサイドでファーサイドに流すのは難しい。インサイドは面でとらえられるが、ファーサイドに流すときは「点」で合わせないといけない。強く当たりすぎると真っすぐ飛んでしまい、GKに反応されることもある。ボールをしっかり見て、強く当てすぎないように流し込むのがポイントだ。

軸裏シュート

軸足裏のボールタッチで逆を取る

ゴール前、相手にマークされながらニアサイドへ走り込む。グラウンダーのクロスを受けて、ニアサイドへのシュートを狙うが、打たずにボールを軸足の後ろへ流して、右足インサイドでファーサイドへ流した。相手の逆を取ってゴールを決める。

モデル選手
エムバペ
Kylian MBAPPE
フランス/FW
1998年12月20日生まれ
身長178cm、体重73kg

ニアサイドへ　①

②

ニアへシュート?　③

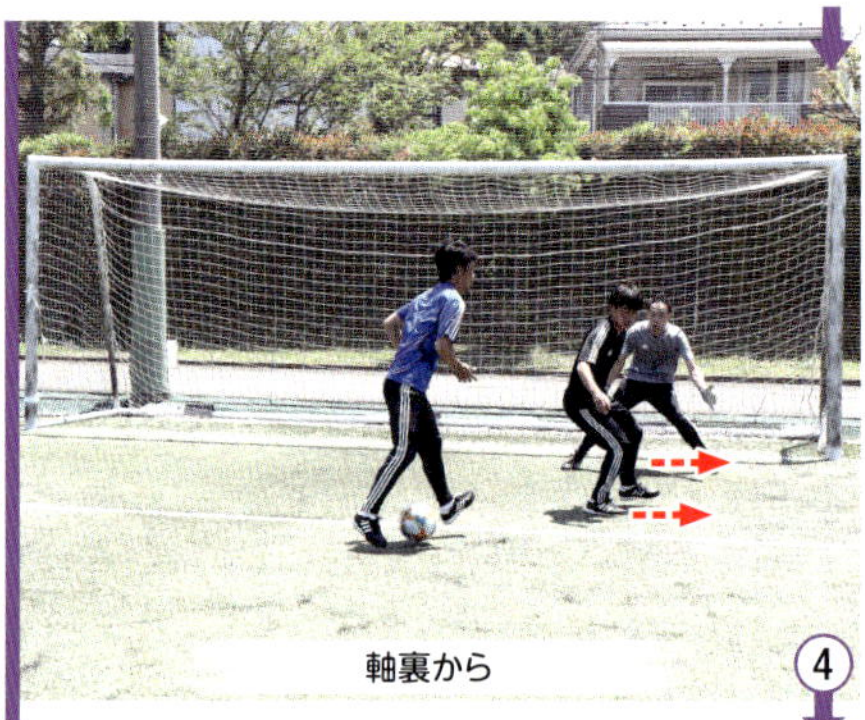

軸裏から　④

右足インサイド　⑤

⑥

ファーサイドへ流す ⑦

ゴール!! ⑧

アングルチェンジ　体の下でボールをタッチするイメージ

ニアを狙う? ①

体の下でタッチ ②

軽く振り上げる ③

ファーサイドへ ④

リアルなプレーを切り取り解説

できるだけボールを見ない!

ニアサイドを狙っておいて、ファーサイドに流すシュート。相手との距離が近いため、体の前でボールを触るのは難しい。そのため、軸足の後ろへボールを流して、相手からボールを隠すようにして、体の下でタッチするイメージでシュート。顔を上げて、できるだけボールを見ないようにするとより相手をだましやすい。

スキル　シュート

股抜きシュート

相手のブロックの下を狙え！

ゴール前へ、右から中央へドリブル。左側に持ち出し、相手が少し対応に遅れる。シュートモーションから、左足でシュート。相手が遅れて、大きく出してきた足の下を通す。ファーサイドへ抜けてゴールを決める。

モデル選手
メッシ
Lionel MESSI
アルゼンチン/FW
1987年6月24日生まれ
身長170cm、体重72kg

①

左に持ち出す ②

相手が遅れる ③

シュートモーション ④

左足で…… ⑤

シュート ⑥

NG 相手が対応できるときは狙えない

相手がしっかり対応できているときに股下を狙ってもブロックされてしまう。
シュートを打つ持ち出しで、相手が遅れて大きく足を出してきたときに狙う。

しっかり対応される ①

シュート ②

ブロックされる ③

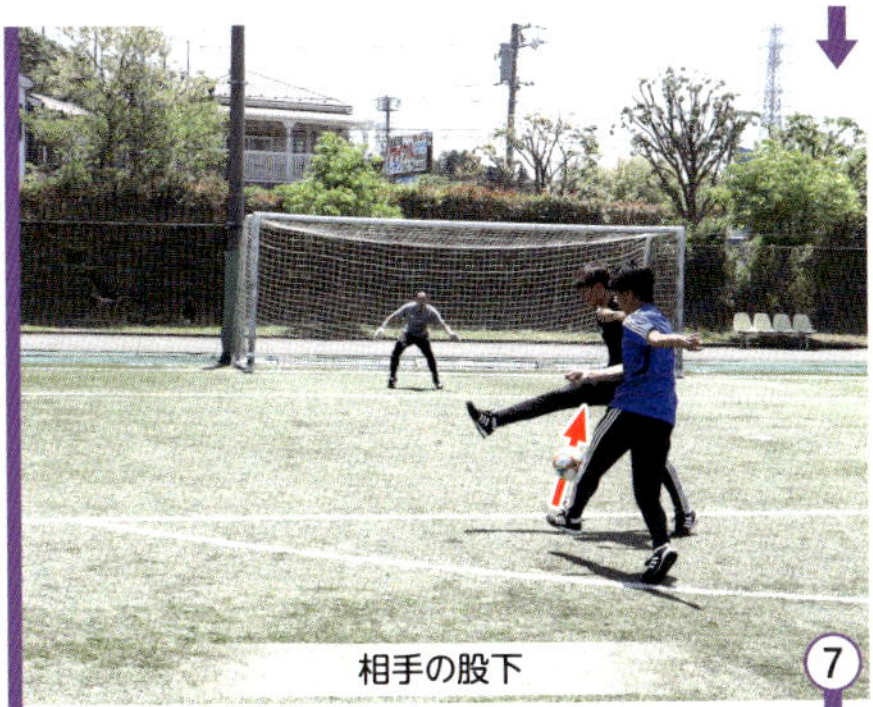
相手の股下 ⑦

ファーサイドへ ⑧

ゴール ⑨

リアルなプレーを切り取り解説

GKの位置も重要

相手が遅れて足を出してきたら積極的に狙ってみよう。ファーサイドを狙うのは、GKがニアサイドを警戒したポジション（写真④）を取ったからだ。GKのポジションによっては、ニアサイドを狙ってもいい。相手が壁となり、GKからボールが見にくく、反応が遅れることもある。GKの位置も視野に入れて狙おう！

ツイストシュート

ファーを狙いながら、ニアへシュート！

味方からのパスを受けるため、ゴール右側から抜け出す。ボールに対して、左足で蹴れるように回り込む。ファーサイドに体を向けたままシュートモーション。体をひねって左足でボールをニアサイドへ蹴る。GKの逆を突いて、ゴールを決める。

モデル選手
マネ
Sadio MANE
セネガル/FW
1992年4月10日生まれ
身長175cm、体重69g

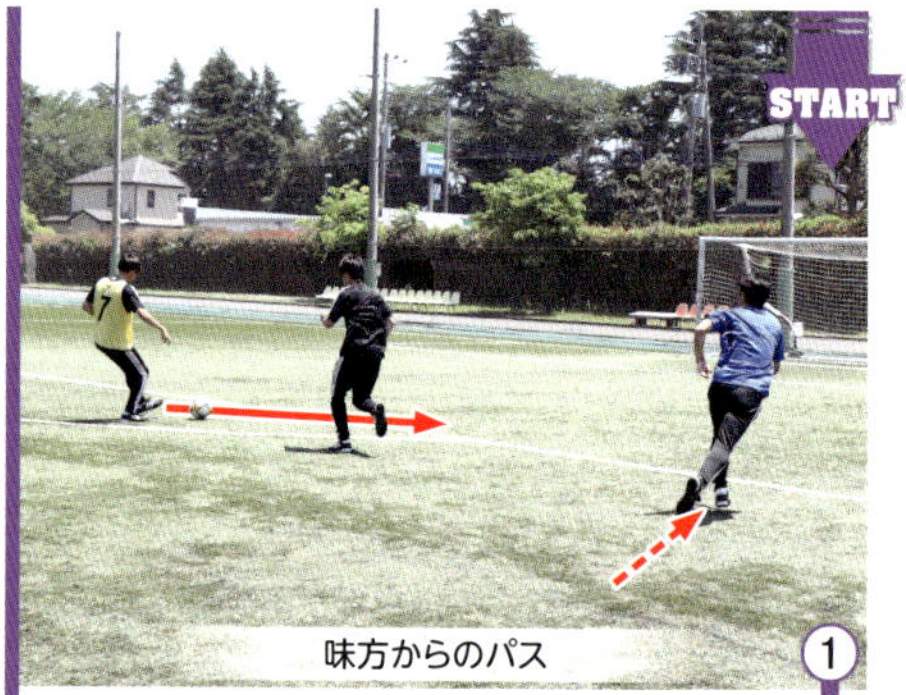

① 味方からのパス

② 抜け出す

③ 回り込む

④ シュートモーション

⑤ ファーサイドを向いて

⑥ 左足でシュート

ニアサイドへ 7

ゴール 8

ズームポイント　最後に体をひねる

体の向きをファーサイドに向けておいて、ギリギリまでファーサイドに蹴るように見せて、最後に体をひねってニアサイドを狙う。目でも、ファーサイドを見たり、ノールックで蹴ったりすると、よりGKをだませる。

ファーを向いたまま　ギリギリまでファーを向く　体をひねる

リアルなプレーを切り取り解説

ゴールに対しての体の向き

ボールを受けるときに回り込んで受けることで、体の向きをわかりやすくファーサイドへ向かせられた。ゴールに対して正面に立ったときでも、体の向きを少しでもファーサイドに向けると、GKはファーサイドに重心を置いて守るので、逆を取りやすくなる。ゴールへ真っすぐ向かずに、どちらかへ向けると優位に立てる。

インカーブシュート

外から内側にカーブをかけて決める

ゴール前、左サイドから内側にボールを持ち出して、右足インサイドでシュート。ゴールポストを狙って蹴ったボールにカーブがかかり、サイドネットに突き刺さった。

モデル選手
E・アザール
EDEN HAZARD
ベルギー /FW
1991年1月7日生まれ
身長173cm、体重74kg

① 内側に持ち出す

② シュートモーション

③

④ 軸足を深く踏み込む

⑤ 右足インサイド

⑥ ゴールポストを狙って

Zoom Point ズームポイント 体の自然なひねりでカーブをかける

足をこすり上げたり、体を大きくひねったりしない。軸足を深く踏み込み、外側からゴールを狙う（ゴールに対して体が横向き）ときの自然な体のひねりを使って、インサイドでゴールポストを狙って蹴れば、鋭いカーブがかかる。

体が横向き　深く踏み込む　インサイド　自然なひねり

リアルなプレーを切り取り解説

軸足を深く踏み込む

軸足の踏み込みが浅いと、ボールをミートしにくいし、蹴った後も体が流れてしまい、カーブがかかりにくい。バランスを崩さないように、深めに踏みこみ（写真④）、インサイドの足先ではなく、真ん中でミートしてカーブをかける。ゴールポストに当てるように狙って蹴ると、カーブがかかりサイドネットを狙える。

ホップシュート

低い弾道で、GKの前でホップ！

ゴール前で、ボールを右側へ持ち出して、右足インサイドでコンパクトに振り抜く。低い弾道のボールは、ゴールの前でバウンドして、GKの手をよけるようにゴールに吸へ込まれる。

モデル選手
アグエロ
Sergio AGÜERO
アルゼンチン/FW
1988年6月2日生まれ
身長173cm、体重70kg

右側へ持ち出す ①

シュートモーション ②

コンパクトな振りから ③

右足インサイド ④

低い弾道 ⑤

⑥

⑦ バウンド

⑧ ゴール

ズームポイント　フォロースルーを小さく

インカーブなどのように、フォロースルーを大きく振り抜かずに、蹴った足を止めるようなイメージで小さくすると、低い弾道でバウンドさせることができる。

シュートモーション　ヒザ下の振りを意識　インサイド　フォロースルーを小さく

リアルなプレーを切り取り解説

コンパクトなクイックシュート

相手が近く、時間をかけて大きくシュートモーションが取れないときに使える、クイックなシュートだ。コンパクトなシュートモーションからコースを狙う。足の振りもコンパクトにして、大きく振り切らない。低い弾道からバウンドさせて、ボールをホップさせるのが狙いだ！

ドライブシュート

上から落とす魔球シュート!

ボールを右側に持ち出して、インサイドをしっかりと固定したまま、ボールの下から上へこすり上げる。縦回転のかかったボールは高く上がって、GKの頭上を通り、ゴールに吸い込まれる。

モデル選手
C・ロナウド
CRISTIANO RONALDO
ポルトガル/FW
1985年2月5日生まれ
身長187cm、体重83kg

1 シュートモーション

2 軸足を踏み込む

3 右足インサイド

4 こすり上げる

5 縦に落ちる

6 ゴール

Zoom Point ズームポイント　面を固定して下から上へこすり上げる

ミートポイントはボールの中心から下半分の真ん中あたり。そこからインサイドの面をしっかり固定したまま、上へこすり上げる。フォロースルーは大きく振り抜かずに、コンパクトに止める。

大きなシュートモーション　強く踏み込む　インサイド　インサイドを固定

ボールの下から

上を触るイメージ

ミートポイント

リアルなプレーを切り取り解説

筋力の必要な、大人向けシュート

とにかく難しく、さらに股関節の筋力も必要とする、テクニック＆パワー系のシュートだ。無理に蹴り続けると、ケガにつながりやすいので気をつけよう。ミートポイントも繊細なため、少しでもズレれば、上に抜けたり、低い弾道になったりする。しっかりポイントをとらえて「魔球」を使いこなせるようになろう！

ワールドサッカー研究所

World Soccer Laboratory

データで振り返る2018－19シーズン

パート1

さまざまなデータを駆使して2018－19シーズンをひも解く！
5大リーグと言われるヨーロッパのトップリーグで
最も活躍した選手とは？
これから注目すべきスーパースターが一目でわかる！

●写真：Getty Images

※選手データ引用は7月1日時点のものになります。

ゴール&シュート編

得点王 36得点

左足得点王 32得点

シュート決定率王 34.6%

シュート決定率王 34.6%

メッシ
Lionel MESSI
- アルゼンチン／FW／バルセロナ
- 1987年6月24日生まれ
- 身長170cm、体重72kg

カバーニ
Edinson CAVANI
- ウルグアイ／FW／パリ・サンジェルマン
- 1987年2月14日生まれ
- 身長184cm、体重71kg

パコ・アルカセル
PACO ALCACER
- スペイン／FW／ドルトムント
- 1993年8月30日生まれ
- 身長176cm、体重71kg

枠内シュート率王 58.9%

マルシャル
Anthony MARTIAL
- フランス／FW／マンチェスター・ユナイテッド
- 1995年12月5日生まれ
- 身長184cm、体重76kg

シュート数王 177本

C・ロナウド
CRISTIANO RONALDO
- ポルトガル／FW／ユベントス
- 1985年2月5日生まれ
- 身長189cm、体重85kg

ヘディング得点王 11得点

パボレッティ
Leonardo PAVOLETTI
- イタリア／FW／カリアリ
- 1988年11月26日生まれ
- 身長188cm、体重78kg

右足得点王 30得点

エムバペ
Kylian MBAPPE
- フランス／FW／パリ・サンジェルマン
- 1998年12月20日生まれ
- 身長178cm、体重73kg

ドリブル編

1試合あたりの ドリブル突破成功数王 4.5回

1試合あたりの ドリブル数王 8回

ベン・アルファ
Hatem BEN ARFA
- フランス／FW／レンヌ
- 1987年3月7日生まれ
- 身長178cm、体重69kg

ドリブル突破王 成功率 69.1%

※100本以上仕掛けた選手が対象

テュラム
Marcus THURAM
- フランス／FW／ギャンガン
- 1997年8月6日生まれ
- 身長192cm、体重88kg

1試合あたりの ドリブル突破成功数 4.4回

ネイマール
NEYMAR
- ブラジル／FW／パリ・サンジェルマン
- 1992年2月5日生まれ
- 身長175cm、体重68kg

みんなの写真を掲載！

わたしたちはサッカースタイル研究生

プレーでも見た目でもカッコ良さを目指せ！
今回は親子の休日スタイルがテーマ！
試合に訪れたみんなの
スタイルコンビネーションを披露する

大賞

YUSUKEさん&ZENさん＋平塚さん（埼玉県）

YUSUKEさん＆ZENさん親子にチームメイトの平塚さんの弟も加わったトリオ。髪型がみんな一緒（!?）なのが、統一感があって素晴らしい

小野友樹さん&陸さん（埼玉県）

子どものウェアなどは、「LUS e SOMBRA」や「Goleador」が多いとのこと。ウェアの一部の黄色とソックスの蛍光黄緑の組み合わせがイイ！

平塚雅史さん&壱芯さん（埼玉県）

スマイルの表情がとっても似ていますね。お父さんからは「先に言ってほしかった……」とコメント。次回はぜひご準備をお願いします！

笹川稚子さん&航希さん（千葉県）

子どものサッカー観戦は必ずと言っていいほど屋外。なので、笹川稚子さんは「季節を問わず紫外線対策をしています」と。大切ですよね！

田平恵美さん&雄聖さん（千葉県）

田平恵美さんが着用しているボトムのデニムと持っているバッグで、藍色がマッチングしているのがイイですね！

結子さん&小梅さん（神奈川県）

「なでしこ！」と力強くコメントしてくれた小梅さんは、将来のなでしこジャパン入りを目指してがんばっています

力也さん&りきたさん（東京都）

お父さんもお母さんも応援に駆けつけてくれたりきたさんは、「サッカー選手になりたい」と言って毎日奮闘しているとのこと

最高の瞬間!

やっぱりトロフィーもらうと掲げたくなっちゃうよね!

貝原賢士さん&麗子さん&ゆうりさん（神奈川県）

賢士さんが巻くオリジナルのタオルマフラーに加え、麗子さんのバッグの色がチームカラーで統一されてサポーター感バッチリ!

佐藤絹江さん&実玖さん（神奈川県）

「女子サッカーで世界1位になる」と、実玖さんが高らかに宣言。将来は、ぜひワールドカップを掲げてほしいですね!

石川真史さん&大悟さん（神奈川県）

石川真史さんはレフェリースタイルで登場!　こういった大会でも、レフェリーへの表彰があるとイイのにと思うほど働かれていました

コーチさん&山口詩友さん（神奈川県）

コーチさんはペンネームどおり、コーチのスタイルでした。一方の山口詩友さんはハットトリック宣言でコーチの期待に応えます

新しいボールの蹴り方ラボ

日本人選手と海外の有力選手の動きの違いは、生まれつきによる骨格、食生活、住環境など、さまざまな違いが指摘されていますが、鈴木陽二郎氏は「目的地の認識」をキーポイントに挙げています。

●構成・文：中村僚
●写真：松岡健三郎、Getty Images

鈴木陽二郎
（すずき・ようじろう）

サッカーに新しい概念を吹き込んで上達に導く。2014年よりキックの上達に特化した「蹴り方教室」を主催。「概念を変えることでプレーがうまくなる」という上達アプローチが、多くの指導者や選手の熱い支持を集める。

協 力

フットボーラーとフットボーラーを育てる人たちを応援する、静岡発のフットボールブランド
『**Chapeu - シャペウ** 』
http://chapeu.ciao.jp/

F-NET SPORTS
サッカー、フットサルの総合企業。
大会の運営やスクールの開催などを行う。
http://www.f-netsports.co.j

外国人選手の多くは、目的地がゴールに設定されており、ゴールへ移動する過程の中でボールがある感覚に見えます

キックは技術ではなく目的地の認識で決まる

歩いたときに足が自然と出る幅にボールがある

人は歩くとき、足を前に出して進みます。ボールを蹴るときも同様に、足を前に出してボールを体の前で蹴るようになると、スムーズに体を動かせます。時には、体をひねったり、足を横に出して蹴ったりすることもありますが、基本的には体の前でボールを蹴りましょう。

どれくらい前で蹴ればいいのか？それは自分の歩幅に合わせましょう。人それぞれ足の長さや歩幅は違います。自然に歩いたときに、1歩踏み出して着地する幅の分だけ前になります。体の自然な動きで無理なくボールを蹴ることができるようになります。

歩くときは前を向く

蹴るときにボールを意識しすぎると、足元を見すぎて、頭が下がってしまったり、姿勢が前のめりになったりします。そうではなく、しっかり顔を上げて、進行方向（蹴りたい方向）に意識の重点を置くと、良い姿勢のまま蹴れます。

この進行方向を意識することを、ここでは「目的地の認識」と言います。蹴ったあと、ボールと一緒に目的地へ向かうイメージで、蹴るときの体のベクトル（矢印）を目的地に向けると、常に同じ距離感でボールを正確に蹴れます。

蹴り方ラボでは、そういった意識の面にアプローチをした結果、基本中の基本である蹴り方への行動を変えられるようにしていきます。

キックフォーム

背中が後ろに
押し出され、
上半身は丸まった
形になる
骨盤は後傾され、
恥骨が上を向く
自然に足首が
固定され、
蹴った後は体全体が
そのまま前に出る

目的地の認識を持って行うことで、ボールを蹴る瞬間や蹴った後も、歩いているときと同じような姿勢になります。蹴ることに意識を置くのではなく、目的地に向かって走っている過程にボールがあるイメージです

目的地の認識で作られた

実際に、モドリッチのキックフォームを見てみましょう。
この形にすることを意識するのではなく、
あくまでも、「目的地の認識」をして蹴った
結果の一つの形であることを踏まえておきましょう。

視線だけを
ボールに落とす
背中を
押し出すようにして
胸が張られている
骨盤は前傾され、
恥骨が下を
向いている
蹴り足は
力が抜けた
状態になっている
軸足の膝は、
踏み込む
前は伸び、
蹴る瞬間に
曲がる
軸足は蹴る直前に
足の裏全体が
べったりと
地面につく

日本人の場合、フォームからまねをしてしまうことが多くあります。例えば、
軸足のヒザは踏み込む前から曲がりっぱなしになっています

キック前の準備運動

キックの形は、目的地の認識を持った結果として作られるものです。それらを意識しやすくなるように、体の準備をしましょう。

ここでは目的地の認識による力の変化や、上半身を大きく動かせるようになる準備運動を行います。

目的地の認識による力の入り方を知る

まずは、目的地の認識によって力の入り方がどう変わるかを体験してみましょう。２人組になり、片方の人（黒）が胸の前で両手を組みます。もう片方の人（黄）が相手の組んだ手の中に下から拳を入れて全力で持ち上げます。（黒）は、持ち上げられないように下へ押し込み抵抗します。このとき、（黄）は拳ではなく、上空へ向けて思い切り持ち上げる意識を持つと、力の入り方が大きく変わります。

目的地が拳

目の前の拳に意識を集中すると、拳を持ち上げようと思っても、下に押し込む力に勝てません。

目的地が上空

持ち上げる意識を拳ではなく、上空へ向けると、より力が発揮され拳を持ち上げることができます。

上半身をほぐす

姿勢を作るための準備も必要です。特に上半身をほぐして良く動く状態にして、理想のキックを蹴るための準備を整えましょう。

目安
5秒キープ×3回

頭を後ろに反らす

手を胸に添え、頭だけを後ろに反らし、視線をできる限り後ろに向けて後方を見ます。このとき、胸から下はなるべく反らさないようにします。

腰から曲がるのは NG

後ろに反らすことを意識するあまり、腰から曲がってしまうのはNGです。

上半身の横への動きを促進する

目安

左右に
3回ずつ

**体を伸ばし
大きく呼吸する**

足を肩幅よりも広く開き、腕を真っすぐ上に伸ばし、両手を軽く握り、視線は前に向けます。この状態で、しっかりと大きく呼吸します。

**上半身を
真横に倒す**

同じ姿勢のまま、上半身を真横に倒し脇腹を伸ばします。この体勢を維持しながら、深呼吸します。これを反対方向も行います。

真っすぐにならないのはNG

上に伸びるときや横に倒すときに、体の軸がぶれてしまうのはNGです。伸ばすべきところが伸びず、意味のない体操になってしまいます。

骨盤の動きを広げる

上半身と下半身と連動させる骨盤の動きも重要です。自分の骨盤がどのくらい動くかを知っておきましょう。ただし、実際の試合中に「骨盤を前傾させて……」と意識してキックを蹴るのは困難です。

目安

前後
5回ずつ

**骨盤を
後傾させる**

視線は前に向けたまま背中を丸めて、軽く膝を曲げます。お尻を下に向けるような感覚で骨盤を後傾させます。

**骨盤を
前傾させる**

視線を前に向けたまま背中を反らし、頭に位置を変えずにお尻を突き出すような感覚で骨盤を前傾させます。頭の位置は変えずに続けて行います。

腰だけが動くのはNG

背中の丸みや反らしが伴わず、腰のあたりだけを動かすのはNGです。体全体を連動させることを意識しましょう。

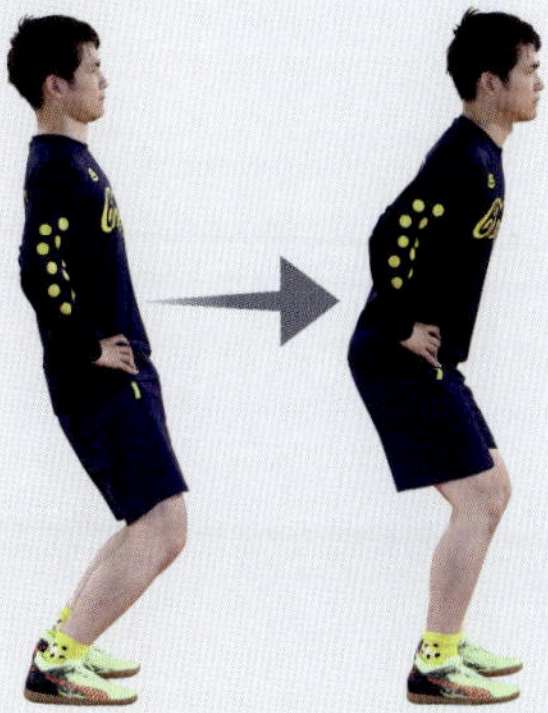

実際にボールを蹴ってみよう

体をほぐしたら、ボールを使った練習を行っていきます。ボールを使い始めると、途端にボールに意識が集中しがちです。ここで紹介するメニューは２人組で行うものなので、目的地を常にパートナーに設定して行いましょう。

キャッチボール

まずは、2人組が正対したキャッチボールを行います。続いて、後ろ向きの体勢から頭越しにボールを投げるキャッチボールを行います。この際も目的地はパートナーに設定し、相手を見て投げると良いでしょう。逆に、ボールを投げることに意識が向きすぎると、姿勢が崩れてしまいます。

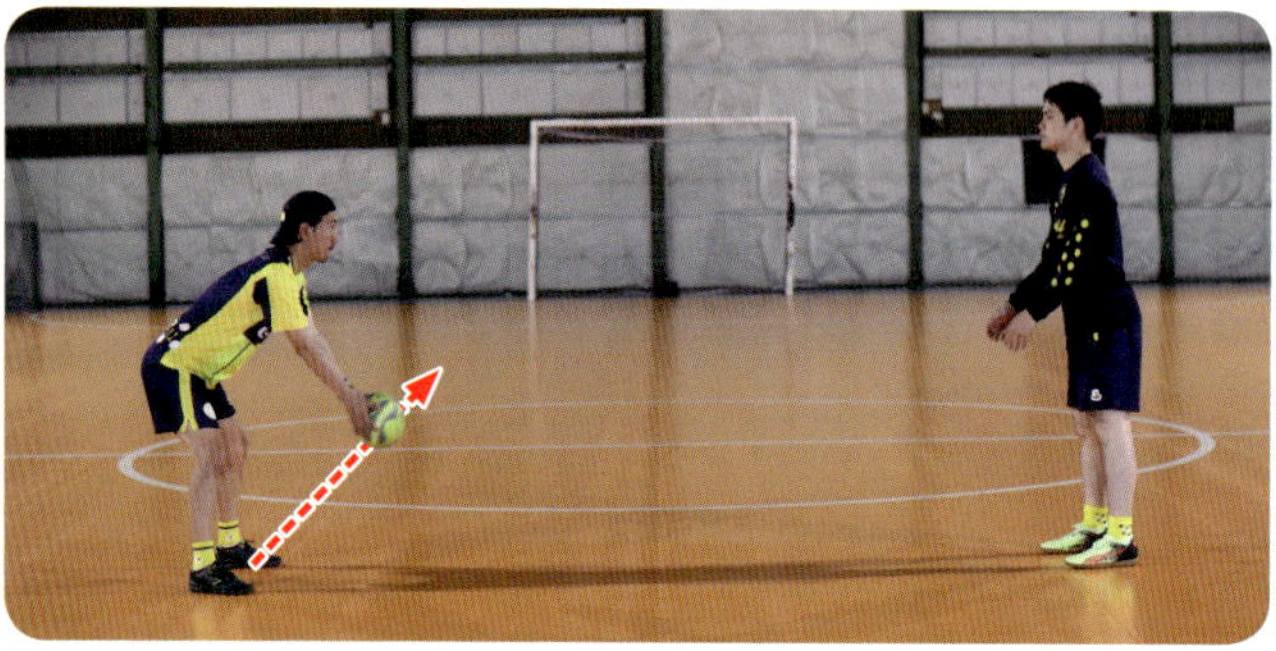

1 2人組になり、正対してキャッチボールを行う。両手でボールを持ち、すくい上げるようにしてボールを下から投げます。

2 ボールを投げるほうが背中を向け、下から頭越しに、ヒジを曲げず全身を使って投げます。

腕の力だけで投げるのは NG

腕の力に頼った投げ方はNG。体全体を連動させて投げましょう。目的地を認識できていれば、自然とそのフォームになります。

キャッチ&キック

いよいよキックの実践に入ります。しかし、「インサイドに当てよう」「ヒザから下の振りを速くしよう」といった方法論は重要ではありません。ここでも目的地の認識をして、その結果としてフォームが作られることを意識しましょう。

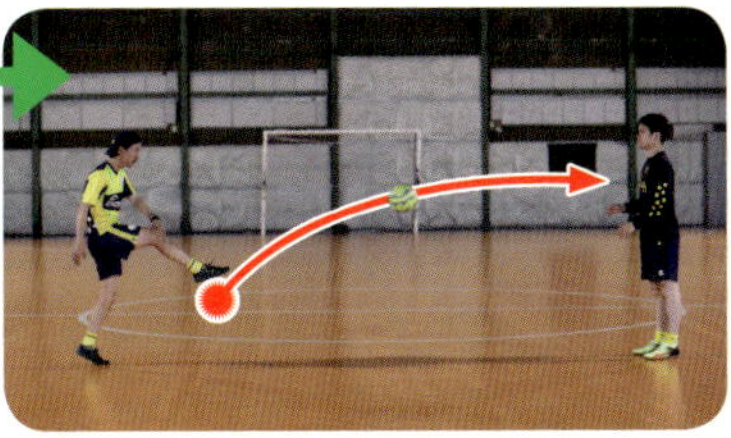

ボールを手から離し、浮いている間に蹴ります。目的地はパートナーに設定し、そのまま前に歩いて進むイメージです。

蹴った後、そのままパートナーに向かって歩いていけるように意識すると、蹴った後の足は自然と前に出ます。蹴ることに集中しすぎると、蹴った後の足は後ろについてしまいます。

対面パス

２人組で対面パスを行います。目的地は変わらずパートナーです。自分が、どこに向かっていくか、何を見ながらパスをするかを意識します。すると自然と正しい姿勢でできます。

ボールを蹴る動作にだけ集中せずに、パートナーの元へ向かって歩く過程に、たまたまボールがあった、程度の意識で行いましょう。

蹴る工程を1つにまとめる

足を真後ろに振り上げること、最も自然に足を出せる位置にボールがありそこに立っていること、蹴り終わりはそのままパートナー（目的地）へ歩いていくこと。これらの動作を「トン」という一つのリズムで行いましょう。ボールを蹴るときは、最も自然に足が出せる位置にボールがあって、①足を後ろに振り上げ、②軸足を踏み込み、③ボールを蹴り、そのまま蹴った方向（目的地）へ進みます。この流れを「1・2・3」と順を追って行うのではなく、「せーの、トン！」のイメージで一気に行えると良いでしょう。コンパクトにすばやく正確に蹴れます。「せーの」で、軽くジャンプして軸足が着地する。それと同時に「トン」と蹴る。3つの工程が別々にならず、1つにまとめて蹴れるようにやってみましょう。

INIESTA METHODOLOGY

イニエスタ メソドロジー

イニエスタが独自のアカデミーを開校!

バルセロナやスペイン代表で活躍したヴィッセル神戸のアンドレス・イニエスタが、これまでに培ってきたサッカースタイル、テクニック、ビジョンを伝えるために、サッカーアカデミーを開校。今回は開校に向けて行われたイベントの様子やトレーニング内容をレポートする。

●写真：平山俊一　●取材協力：楽天株式会社

アンドレス・イニエスタ
Andres INIESTA

- スペイン／ MF ／ヴィッセル神戸
- 1984年5月11日生まれ
- 身長171cm、体重68kg

FCバルセロナの下部組織から昇格してプロデビュー。クラブでも代表でも数々のタイトルを獲得し、2018年夏にヴィッセル神戸に入団

フアン・カルロス
JUAN CARLOS

- 1976年1月5日生まれ

スペイン2部アルバセテ・バロンピエの育成年代を中心に指導者として活動。イニエスタとはFCバルセロナ入団前に、選手とコーチという関係で出会う

イニエスタ登場に大きな歓声

あこがれのイニエスタ登場に参加選手たちは歓喜！　イニエスタは開会のあいさつで、「今まで学んできたことを伝えられる場をつくれたこと、そしてこの日本でみんなと一緒にサッカーができることを喜んでいます」と、幸せな気持ちと感謝の言葉を伝えた

日本の選手たちはイニエスタに近い

イニエスタをはじめフアン・カルロスTD（テクニカル・ダイレクター）などのコーチ陣は、参加した小学３・４年生の小さなプレイヤーたちを指導。「日本の選手たちの特徴的にも、イニエスタはすごく近い」と語るフアン・カルロスTDは、イニエスタを通じて学べることが成長の近道とアピールする

イニエスタのビジョンや哲学にもとづき指導

これまでにイニエスタが培ってきたなかで、学び得たビジョンや哲学にもとづき指導される。多くのトレーニングメソッドが用意されるなか、年代など選手に合わせてメニューを組むという。次のページから、そのトレーニングメソッドの一部を紹介しよう！

失敗をすることも大事！

「成長するために、いろいろな失敗をした。監督やチームメートから学べることを積極的に学び、常にサッカーが大好きだという気持ちを忘れず、プロ選手になりたいという夢のために戦ってきた」

コーディネーションを織り交ぜたウォーミングアップ

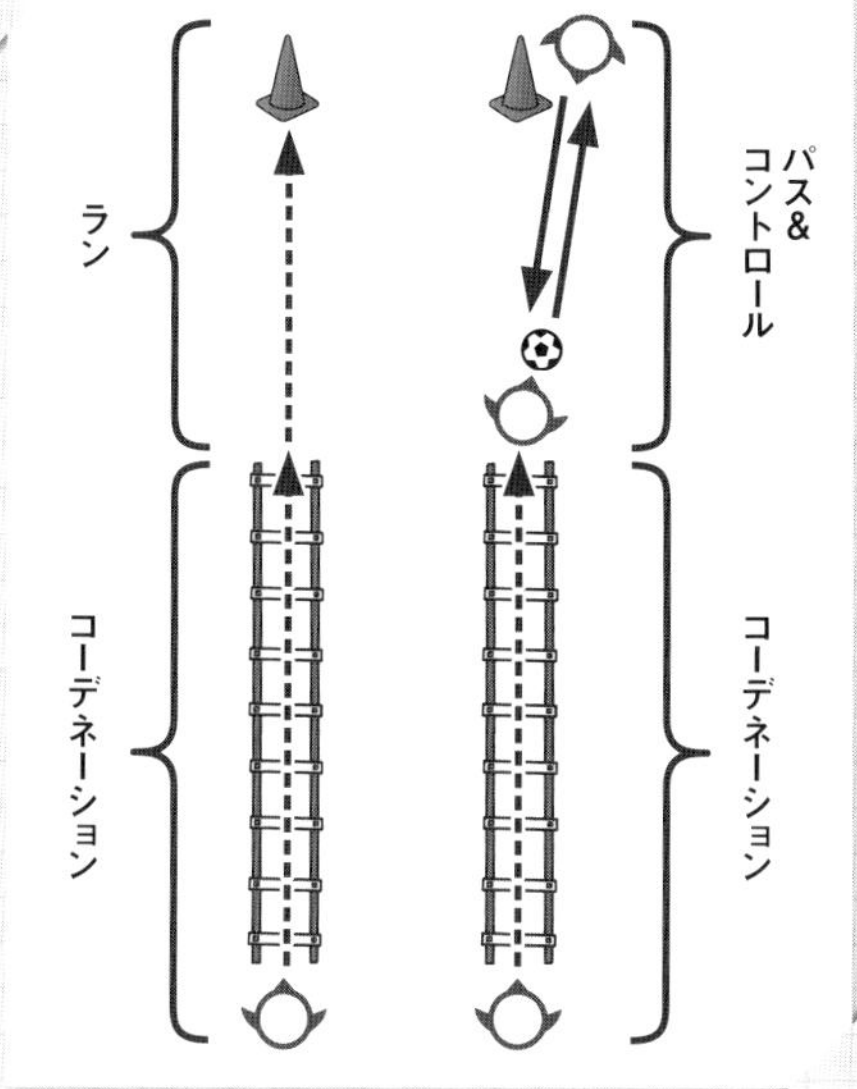

正しい姿勢で多くの動きを取り入れる

ラダーを使い、さまざまなステップなどを行うコーディネーションを鍛える練習方法。サイドステップやクロスステップなどサッカーをプレーするうえで考えられる動きを反復する。ラダーのパートが終わった後はコーンの位置まで走り抜けるランのパートと、パス交換を行うボールを扱うパートの2種類を用意。足元ばかりを見て頭が下がってしまわないように、上半身と下半身の動きをしっかり連動させて正しい姿勢で行えるように意識する

ケガの予防も兼ねたウォーミングアップ

この練習はゲーム形式などの激しい練習の前にウォーミングアップとして行う。いろいろな種類の動き方で体の多くの部位を動かし、しっかりと正しい姿勢で大きく動かすことでケガの予防につなげる

相手を想定したコントロールとパスの練習

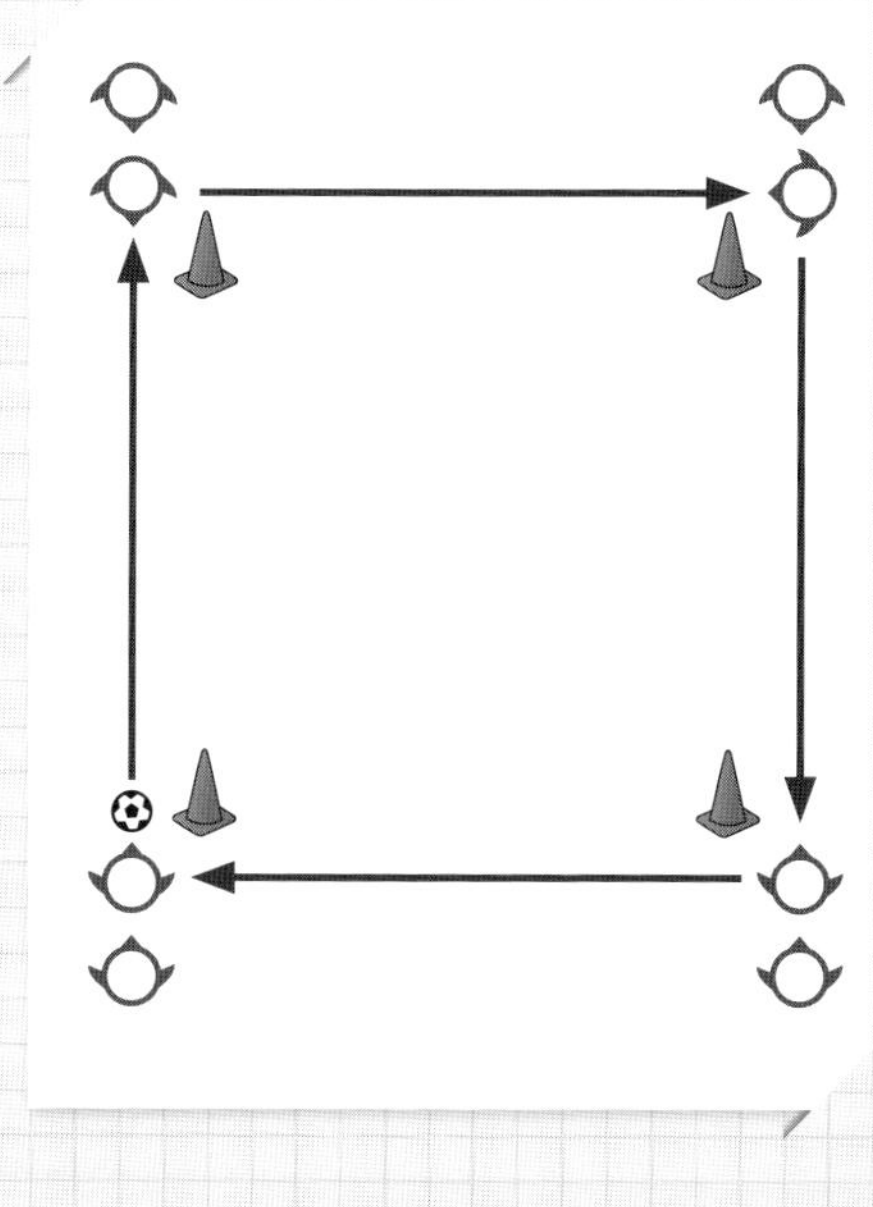

コーンを避けて足元へ正確にパス

コーンを四隅に置いた正方形を作ってコントロールとパスを繰り返す練習。置かれたコーンをマークされている相手と想定して、それを避けるように動いてパスを受ける。そして、コーンに当たらないように蹴り出しやすい位置へボールをコントロールすると同時に、次にパスをする方向へ体を向けよう。そこから正確性を心がけて足元へパスを送り出す。それを順番に繰り返してパスを回していく

自分のポジショニングを考える

パスを受けてボールをコントロールした後で、すぐにパスを出せるように自分のポジショニングを考えながら行おう。守備する相手と想定したコーンを避けて受けられる位置、次にパスするコースが空いている位置へしっかりとポジショニングすることが大事になる

試合を想定した目的に合わせたドリブル練習

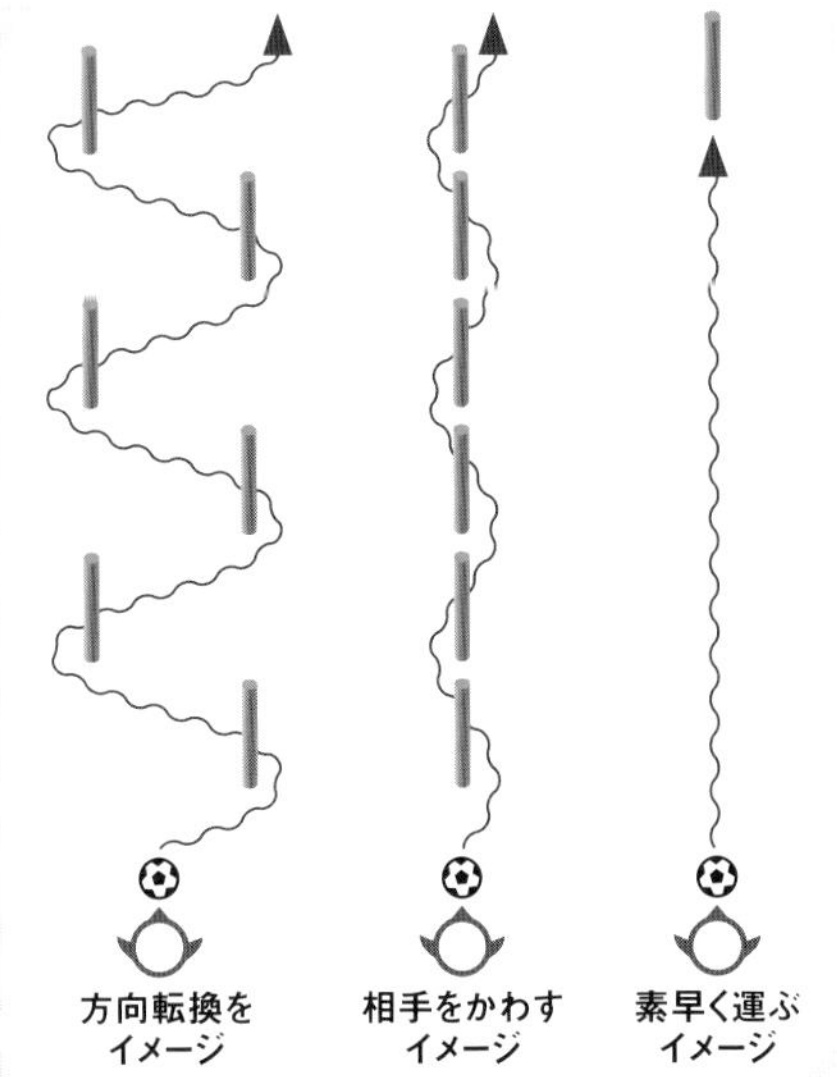

運ぶ、かわす、方向転換を想定したコース

実際の試合で行われるドリブルを種類分けして行うトレーニング。直線コースはボールを運び前進することを想定していて、素早く運ぶことを意識して行う。直線上にボールが並べられたコースは、マークに来た相手をかわすドリブルを想定。交互斜めに並べられたコースは、ドリブルでの方向転換を想定している。いずれのコースも試合中に行うドリブルをしっかりとイメージしながら取り組もう

いろいろな部分でタッチする

3種類の練習では、いずれもいろいろな部分でタッチしながらドリブルを行おう。インサイドやアウトサイド、右足や左足など、多くのところでボールにタッチして偏らないようにする。また、姿勢も大事で足元ばかり見て頭が下がらないように気をつける

ドリブルシュートで相手をかわしてフィニッシュへ

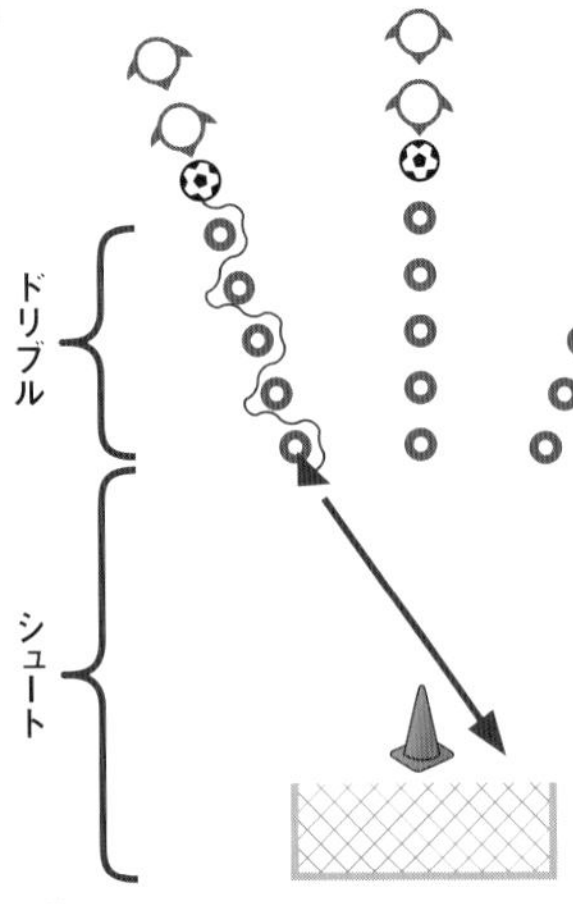

ドリブルからのシュート練習

マーカーを相手に見立てて、それをかわしてシュートまで持っていく練習。上記の練習と同様に、足元から離れない細かなボールタッチでマーカーの間をくぐり抜けてからシュートする。ゴールの真ん中には、GKをイメージしてコーンを立てる。コーンに当たらないように、空いているコースを狙ってシュートを蹴り込もう

ボールを運ぶ位置を意識する

相手をかわすときとボールを蹴るときには、それぞれのプレーがしやすいボールの位置がある。相手をかわすドリブルでは足元から離れないタッチを意識し、かわした直後に自分の蹴りやすい位置へボールを運びシュート体勢に入ろう

限られたスペースでパスを回すロンド

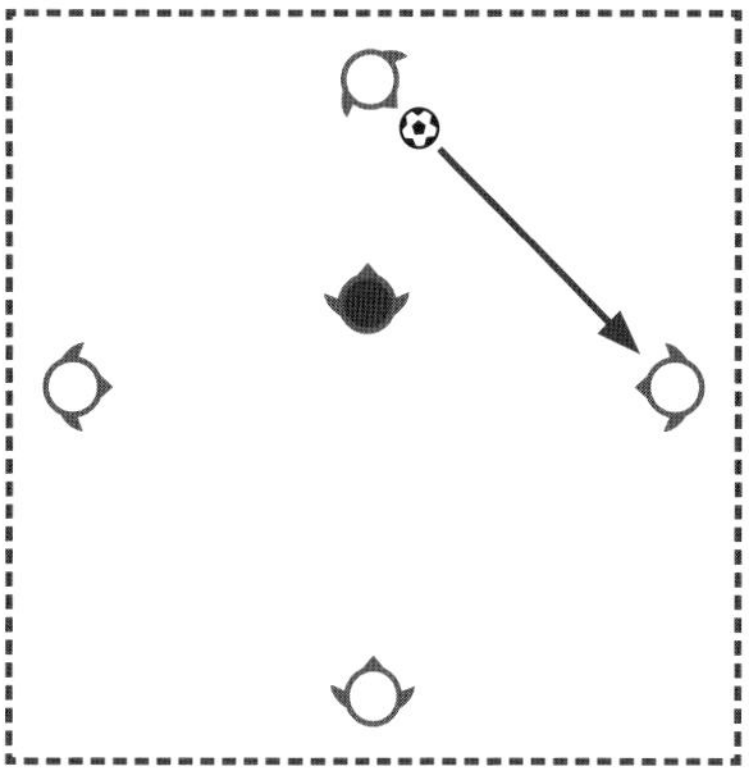

スペースを意識したパス回し

限られたスペースを決めて、そのなかに守備役を入れる。その守備役に、ボールを奪われないようにしてパスを回す練習。限られたスペースのなかで動きながらコースを作ってパスをつなげていくことになるが、動きが重なってしまわないようにそれぞれのスペースを意識してパスコースを作り出そう

技術レベルに合わせて制限する

プレーするスペースなどの制限はプレイヤーの技術レベルに合わせて行おう。パスのつながりが良くない場合はプレーエリアを広げて行い、パスがつながりすぎると感じたら狭いスペースになるように制限をかける

スペースを見つけることでつながるパスゲーム

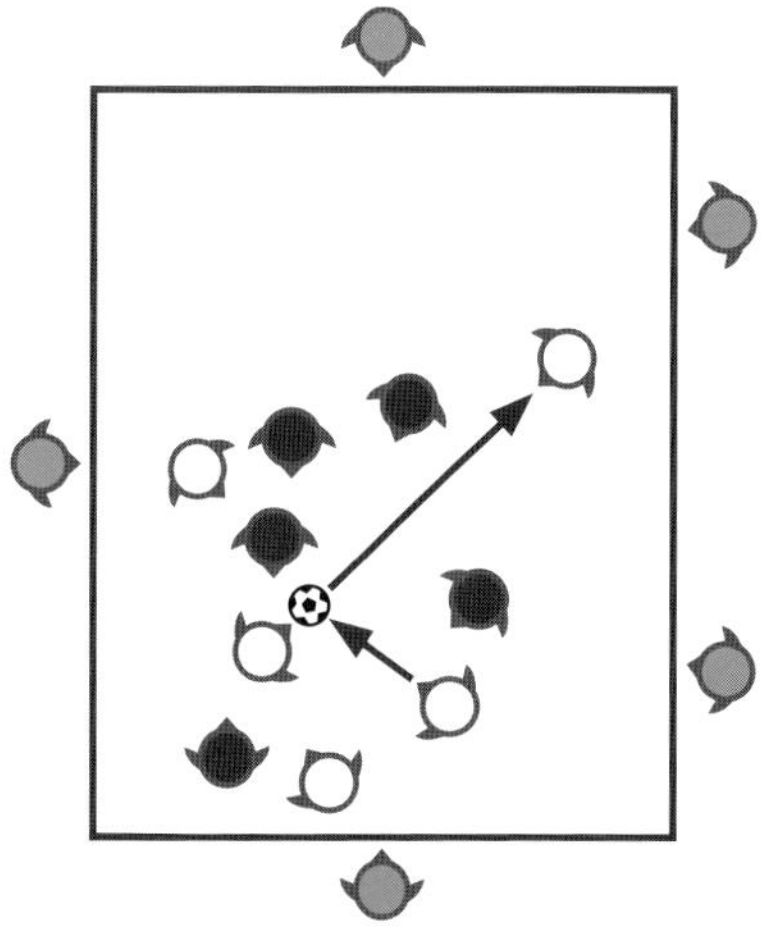

※オフェンス、ディフェンス、外野の3チーム構成
ピッチ内のスペースを広めに

敵、味方、外野に分かれて ボールをつなげる

3チームに分けたパスをつなげるゲーム。プレーエリア内で敵と味方の他に、エリア外に外野のプレイヤーを配置。エリア内の敵と味方でボールを奪い合うなかで、外野のプレイヤーにボールを受け渡しするのもOK。ボール奪取で攻守を入れ替える。スペースを利用して、ボールをつなげていこう。

スペースの分配とポジショニングを意識

十分にスペースがあるなかで行うことが前提で、スペースの使い方やそれぞれのプレイヤーでのスペースの分配の仕方を覚えるトレーニング。スペースの分配を覚えると、ポジショニングが良くなりパスコースをすぐに作り出せる。守備側は連動した動きを意識することで、ポジショニングを覚えられる

すべての練習を加味したゲーム形式

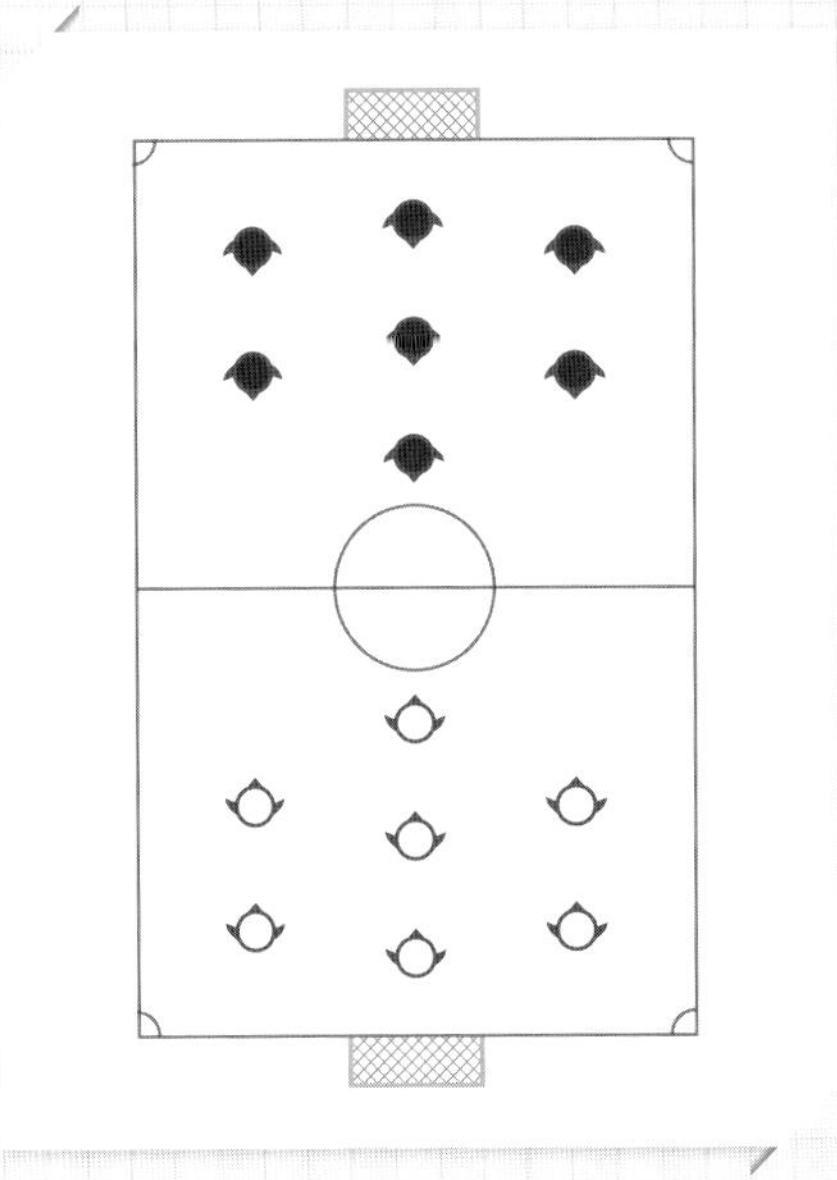

ゴールを1つずつにしたミニゲーム

たとえば7対7など、2チームに分かれて実戦形式で行うトレーニング。それぞれにゴールを1つずつ置いた実戦とほぼ同じ形のミニゲーム。総まとめとなる練習となるので、その日に練習で身につけたすべての要素を引き出せるように意識しながら行おう

ゲーム形式は学んだことを確認する場

ゲーム形式のトレーニングは、その日に行われたさまざまなトレーニングで学んだことを実戦形式のなかで確認する場となる。自然とできるようになるまで、しっかりと意識しながらプレーをして自分のものにしよう

ゴールを2つずつにしてゲームで考える力を養う

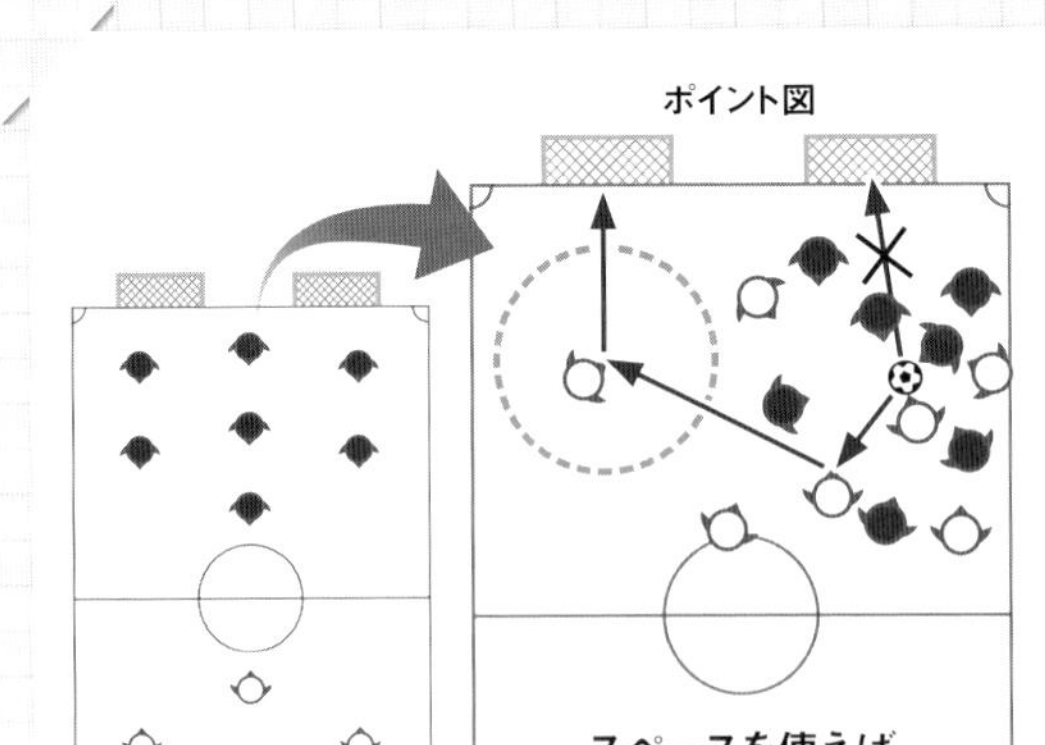

それぞれにゴールを2つ配置して攻める方向を決める

ゴールをそれぞれのチームに2つずつ配置し、合計4つのゴールで行われるゲーム形式のトレーニング。ゴールを増やすことでどちらに攻めるべきか、どうやって守らなければならないかといったような考える力を養うことができる

ポジショニングの概念を学ぶ

狙うゴールを複数設置することで、83ページ下部で説明したパスゲームのトレーニングのように、空いたスペースをうまく使うことでゴールに結びつけられることを覚える。守備側もスペースに対するケアを考えるようになり、適したポジショニングの概念を学べる

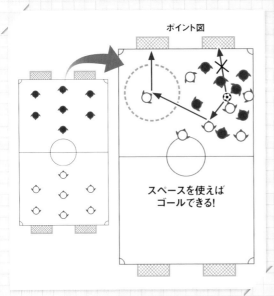

スーパースターの
ルーツを探るインタビュー

Sadio MANE
サディオ・マネ

「成功には困難を乗り越えることが大事」

2018年のロシアワールドカップで日本代表が対戦した、
セネガル代表のエースとして知られているマネ。
2018－19シーズンでは名門リバプールの中心選手として、
UEFAチャンピオンズリーグ制覇に貢献した。
現在、最も勢いのある選手の一人であるマネは、
どうやってスーパースターの階段を駆け上がってきたのだろう。
本人のインタビューによって、そのルーツがひも解かれる。

●文：メリッサ・レディ（Melissa Reddy）
●提供：GOAL　●写真：Getty Images

※この記事はGOALに掲載されたものを再編集しました

「言葉で言い表せない」才能のルーツ

1992年生まれのマネは、15歳で故郷セネガルのセディウ州の街を出た。その後、信じられないような経験を経て、プレミアリーグでも最も恐れられるストライカーの一人となった。どこへ行っても見る者に強烈な印象を残す。サディオ・マネは、人の心に残るプレイヤーだ。

リバプールでのデビューとなったアーセナル戦では右サイドを疾走し得意のカットインで、ナチョ・モンレアルとカラム・チャンバースの間を切り裂きシュートを沈めた。その2年前、当時移籍したサウサンプトンでのデビュー戦となった、リーグカップのアーセナル戦ではPKを獲得。チームを勝利に導いた。

さらに、さかのぼること2年。2012年にメスからレッドブル・ザルツブルクへ移籍したときに、マネの代理人は当時20歳のマネを紹介するのに、「言葉では言い表せない」と、彼の才能を評している。

セネガルの地方都市セディウのストリートで、マネはよく知られた存在だったという。そこで技を磨いたマネは、ほこりにまみれてサッカーに没頭し、成長していった。

〝場違い〟なトライアルで切り開いた道

マネが15歳のとき、出身地から北に800キロほど離れたダカールへ行った。彼は、その地でも見た者を感嘆させた――

マネ（以下、M）　おじさんと一緒に故郷を出て、セネガルの首都であるダカールに向かった。ダカールでは、多くのトライアルが開催されている。僕はそうしたトライアルを受けに行ったんだ。たくさんの少年がテストされるため、チームに振り分けられた。一つだけ、絶対に忘れられない出来事がある。

M　今では笑える話だけど、トライアルを受けに行ったとき、年上のある男に『場違いなところに来たな』と言われた。その人は僕に、『テストを受けにきたのか？』と聞いた。僕はそうだと答えたが彼は僕の靴を見て、『その靴は何だ？』と聞いてきた。『そんな靴でプレーするのか？』って。僕の靴はボロボロで、古くてすり切れていた。それから、『その短パンは何だ？』とも聞かれた。『ちゃんとしたのを持っていないのか』って。僕は、『一番良いウェアを着てきた』と言った。僕は、ただサッカーをしたかった。自分のプレーを見せたかったんだ。

M　僕がピッチに立つと、その男は明らかに驚いていたよ。彼は僕のところに来て、『キミをすぐに連れていく。私のチームでプレーさせる』と言った。いくつかトライアルを受けた後で、僕はとあるアカデミーに行くことになった。

「ストリートでのプレーが僕の原点」

マネは、家族など多くの人が別れを惜しむなか、その声を振り切り、ディアフラ・サコやパピス・シセを輩出したアカデミー、ジェネレーション・フットに行くために一人で家を出た――

セネガルの国中で大騒ぎとなった2002年のワールドカップ

M　街にいたときは、常にサッカーをしていた。ストリートとかゲームが始まっているところでは、どこでもね。2歳か3歳のころから、ずっとボールと共に生活しているよ。道路でサッカーしている子どもたちを見つけては、そこに交ざりにいった。そこが僕の原点。ストリートでのプレーがね。

M　大きくなるにつれて、サッカーの試合を見るようになった。特に、セネガル代表の試合を見た。母国のヒーローを見て、僕もそうなりたいと思っていた。２００２年のワールドカップでは、セネガルは大騒ぎだったよ。（※１）でも、その前から、すでに僕にとってサッカーが、すべてになっていた。

M　地元の村でもサッカーの大会があって、僕はいつもその試合を見ていた。そこでは僕が一番うまいって、みんなが言ってくれたけど、僕の家族はサッカーとは何の関係もなかった。信心深い一家だったから、僕には別の道に進んでほしいと思っていたみたいだ。僕の頭の中にも、心の中にも、サッカーしかないことを家族がようやく理解し始めてくれた頃、僕はダカールへ行かせてほしいと頼むようになった。最初のうちは反対されたよ。でも、僕がそれを本気で望んでいて、家族は他のことがあり得ないとわかってから、僕を助けてくれるようになった。

少年マネを受け入れた“見知らぬ一家”

マネに才能があるのは誰の目から見ても明らかで、心を揺さぶるほどだった。マネをよく知らない、見ず知らずの人たちま

（※1）セネガルは2002年のワールドカップで初出場し、準々決勝に進出した。開幕戦で前回大会優勝のフランスを破るなど波乱を巻き起こした

でもが、彼のプレーを一目見ただけで、口をそろえて「夢を実現できるだけの才能が備わっている」と確信したのだった――

M　最も助けになってくれたのは、おじさんだった。でも、それだけではなかった。ダカールに行ったとき、僕はそれまでに全く知らなかった一家と暮らすことになった。僕の家族とその一家の間に共通の知人がいて、その人が僕にその一家を紹介してくれた。彼らは快く僕を受け入れてくれて、僕の面倒を見てくれた。僕がメスに入団するためフランスに向かうまでの間、サッカーに集中できるように、すべての面で助けてくれたんだ。

今、その一家はマネがプレミアリーグのＤＦ陣をかき回す姿を、誇らしげに見ている。そして、母国では「小さなダイヤモンド」と呼ばれたマネが、国際試合出場のために故郷へ戻るときには、彼のプレーを間近で見て感心しているという。マネはピッチに立つたび、彼らに感謝の気持ちを表すチャンスを得ている。そして、彼はそのチャンスを決して無駄にはしない――

恩師クロップとの運命の出会い

マネは、サウサンプトンから３０００万ユーロ（約37億円）でリバプールへ移籍。彼が見せる電光石火のスピード、巧みなテクニック、明確なビジョン、疲れ知らずのスタミナに引かれて、獲得にこぎつけたのはリバプールだったが、実はマンチェスター・ユナイテッドも2度にわたって興味を示していた。

現在、マネはユルゲン・クロップ監督が指揮するリバプールで活躍するが、両者が同じチームになるのは２０１２年のロンドンオリンピックのときに、運命は定まっていたのかもしれない。クロップ監督は、そのときにマネを見て心酔したという。

２０１４年、イングランド南海岸部のサウサンプトンへ向かうため、マネはオーストリアのザルツブルクを離れる。しかし、その直前にロシアのスパルタク・モスクワから、巨額のオファーが舞い込む。信じ難いほどの高額を提示されたが、サッカーに対する飽くなき向上心と共に故郷を飛び出してきたスピードスターは、そのオファーには振り向かなかった。そのときの彼にとっては、クロップ監督が率いるドルトムントが魅力的で、そこへの加入が大金以上の夢だったようだ――

M　僕はとても興奮していて、信じられなかった。クロップ監督が僕に会いたがっているなんて。あんなに素晴らしい監督のチームに、僕が役に立てるだなんて思ってもいなかった。当時のドルトムントの試合は、いつも見ていたんだ。

結局、ザルツブルクが提示した条件は、ドルトムントにとって実現が難しく、マネがドイツに向かうことはなかった。だが、クロップ監督はその後もマネの成長をチェックし続けていた。

２０１５年、リバプールの監督に就任したクロップは、１年が経過した後に、チームが必要とする爆発的なスピードでゴールを量産する選手が、どこにいるのかを把握していた――

M　ドルトムントへの移籍が破談したときは、物事がスムーズに進まなくてイライラした。だけど、それが人生さ。簡単なこ

マネはロンドン五輪に出場し、クロップ監督を心酔させた

となんて何もない。とにかく、一生懸命に努力し続けるだけだと自分に言い聞かせた。自分を鼓舞していれば、きっと何か大きなことが起こるって。僕は、それをやり遂げた。サウサンプトンへ行って良いプレーをしたことで、もう一度クロップ監督に声をかけてもらった。サッカー界で最も優れた監督の一人と一緒にサッカーができるなんて、本当に幸運だ。運命だったんだ。今、毎日のように監督の指導を受けられて、とても幸せだよ。

つらい日々があったからこそ……

リバプールに移籍したマネは、アーセナルのホームスタジアムで初出場を果たす。その試合でゴールを決めたマネは、両腕を開いてクロップを指差した。そして、監督に向かって走り、背中に飛び乗って喜びを伝えた。そのゴールパフォーマンスこそ、マネが長年待ち望んでいたものだった。そのときのために、彼は多くの犠牲を払ってきた。だが、現実になった瞬間、これまで何度も乗り越えてきた困難は報われたという――

M　その頃の僕は若く、自分の慣れ親しんだ場所を離れるのは、すごく難しいことだった。家族が恋しくてたまらなかった。母や姉妹たちと過ごした日々が恋しかった。でも、サッカー選手になることが僕の夢だったし、つらい日々があったからこそ、ここまで来られたと思う。

M　今まで切磋琢磨してきた選手には、とてもうまい選手もいた。だけど、僕のようにプロになる機会を得られなかった。成功するには困難を乗り越えるのが、大事なことだと知った。僕は今ここにいる。何の後悔もないし、夢を実現できた。

現在のマネはリバプールの中心街に住み、新しい環境に慣れた。そんなマネが、チームや今後のことを話してくれた。

M　サッカー選手にとって大事なことは、考えすぎないことだ。特に、リバプールのようなビッグクラブに移籍してきたときに、余計なことを考えると心が乱れてしまう。僕の頭の中にあるのは、僕は自分を必要としてくれたチームに来たということ。そして、自分をよく知ってくれている監督のもとに来たということだ。だから、一生懸命にプレーしてチームと監督を助けるんだ。

人の話を聞き、学び、成長する

M　僕は集中している。将来、何が起こってどうなるかは、良いことでも悪いことでも、すべて考えない。心をオープンにして、何が起こっても良いように準備するのさ。優れた選手たちが集まり、みんながチームのために助け合いながらプレーする。そんなチームの一員になれて、幸せなんだ。本当に素晴らしいチームメイトを持った。みんなが同じ目標を共有していれば、自分ものびのびとプレーできる。

マネは、サッカーを本格的に学び始めた15歳の頃を今でも覚えている。ストリートで砂ぼこりにまみれてボールを追いかけていた頃から、どれだけ成長したか振り返っていたという——

M　子どもの頃は、サッカーのことをすべて理解したような気になってしまうことがある。自分の考える正しいやり方で、プレーしてしまう。だけど、アカデミーの頃から現在に至るまで、僕は本当にたくさんのスタイルや戦術に触れてきた。どうすれば、完璧な選手になれるかを学んできたんだ。たくさんのコーチやチームメイトの助けを借りてね。僕は話を聞いて、プレーを見て、サッカーを学ぶのが好きだ。まだ僕は若くて、成長の過程にある。いつでも、もっとうまくなりたいと思っている。毎日が成功に近づくチャンスだから、全力でプレーするよ。

　マネにとっては現段階でも、まだスタートに過ぎないのかもしれない。しかし、近年の活躍ぶりは完成度が高く、それは所属クラブのリバプールにとっては、グッドニュースだ。ただし、彼を止めなければならない対戦相手にとっては、頭の痛い話なのだろう。

Profile

Sadio MANE（マネ）

1992年4月10日、セネガルのセディウという街で生まれる。15歳で首都のダカールにあるジェネレーション・フットというアカデミーと契約し、家族のもとを離れる。2011年にメスに入団するため、フランスへ渡る。2012年1月、19歳のときにトップチームデビューを果たす。同年にはセネガル代表にも招集された。また、U−23代表としてロンドンオリンピック出場を果たす。翌シーズンからはオーストリアのレッドブル・ザルツブルクで活躍。多くのクラブから興味を示されたが、2014年にイングランドの地へ足を踏み入れる。その2年後に、あこがれたクロップ監督のもとへ移籍。リバプールで中心選手となり、2018−19シーズンにはUEFAチャンピオンズリーグ制覇にも貢献している。

ゴールキーパー
プロから学ぶ！

GK特別講座

世界のトッププレイヤーも実践する基本を学んで、GK偏差値を高めよう！
『ゴールキーパー「超」専門講座』（松永成立＋澤村公康／著、小社刊）の中から、
ポジショニングの基礎を図解つきで解説する。

●構成：鈴木智之　●写真：Getty Images

試合中にＧＫがやり続けなければいけないこととは、なんだろう？

それは「スターティングポジションを取り続けること」と「味方への指示出し」だ。「スターティングポジション」とは「プレーを開始する場所」のことで、ＧＫはボールの位置に応じて、立つ位置を微調整し続ける必要がある。ＧＫが適切な場所に立ち続けることができれば、シュートを打とうとする選手に対して「シュートコースがない」と思わせることができる。

適切な位置は、ＧＫのサイズやボールの位置によって変わる。背の高いＧＫであるなら、頭上を越されない場所がわかっていれば、前に出ることで体の大きさを生かすことができるし、背の低いＧＫがゴールを離れて前に出すぎると、頭上を越される可能性も高くなる。ポジショニングの原則を理解したうえで、練習のときから意識して、ボールの位置に応じて、「ここまではゴールを離れて前に出ても大丈夫」という感覚をつかんでいこう。

GKポジショニングの原則

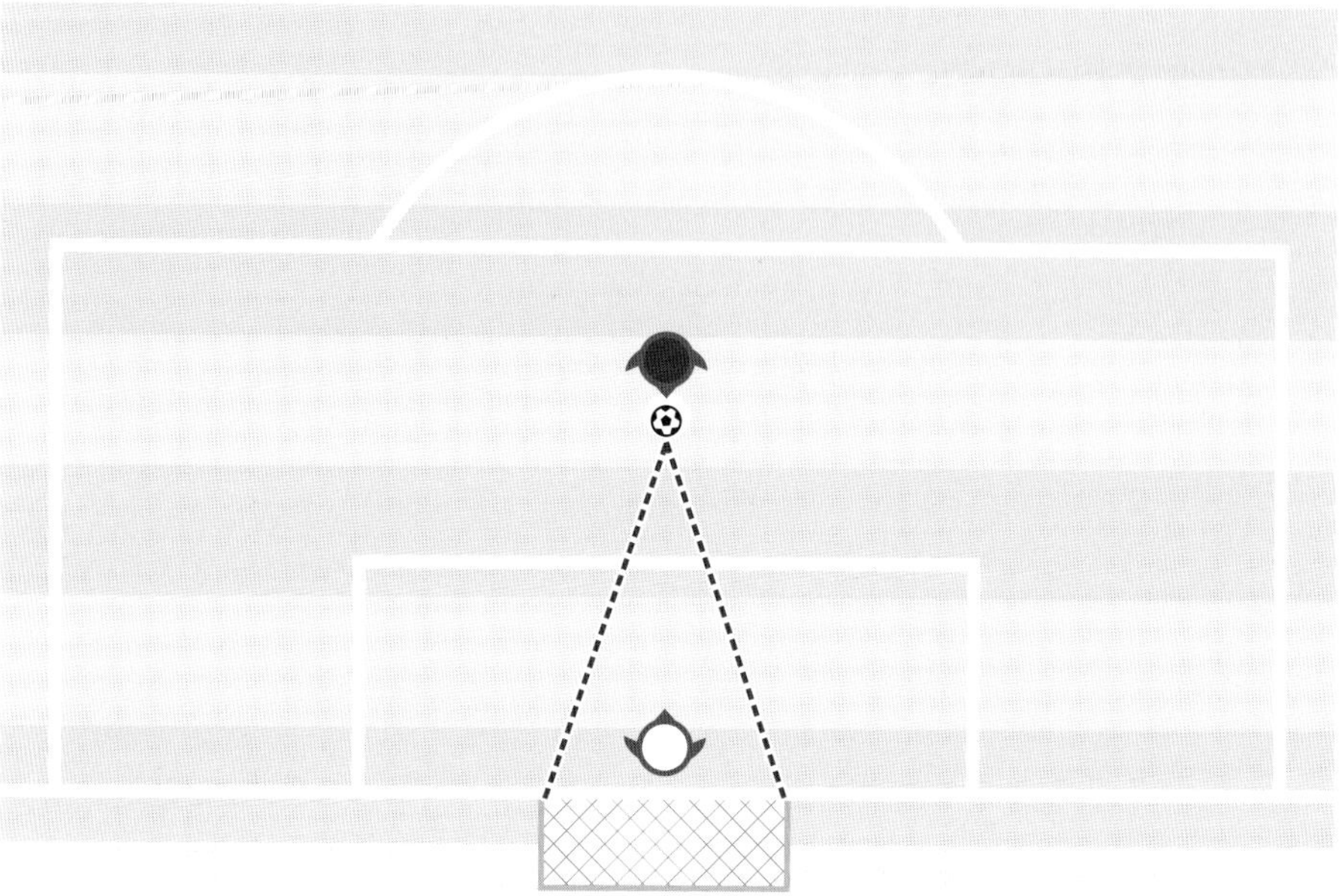

GKの基本的なポジショニングは「**ボールの位置を基点に、ニアポストとファーポストを結んだ中間地点に立つ**」こと。ゴールの中心から外れると、相手からはシュートコースが空いているように見えてしまう。試合中は常に立つ位置を考えながら移動し、「今、この位置で良いのか？」を自問自答しよう。

ピッチの中で目印を探そう

適切なポジションを取るためには、周囲を見ることが大切になる。しかし、頻繁に首を振って左右を確認していると、その隙にシュートを打たれてしまうことがある。そこで、できるだけ首を振らずに「自分はどこに立っているか」を確認する方法がある。それは、**ペナルティマーク、ゴールエリアやペナルティーエリアのライン、反対側のゴールなどの位置関係から、自分が立つ位置を把握する**こと。これはすぐにできる方法なので、ぜひやってみてほしい。

＼プロから学ぶ!／
GK特別講座

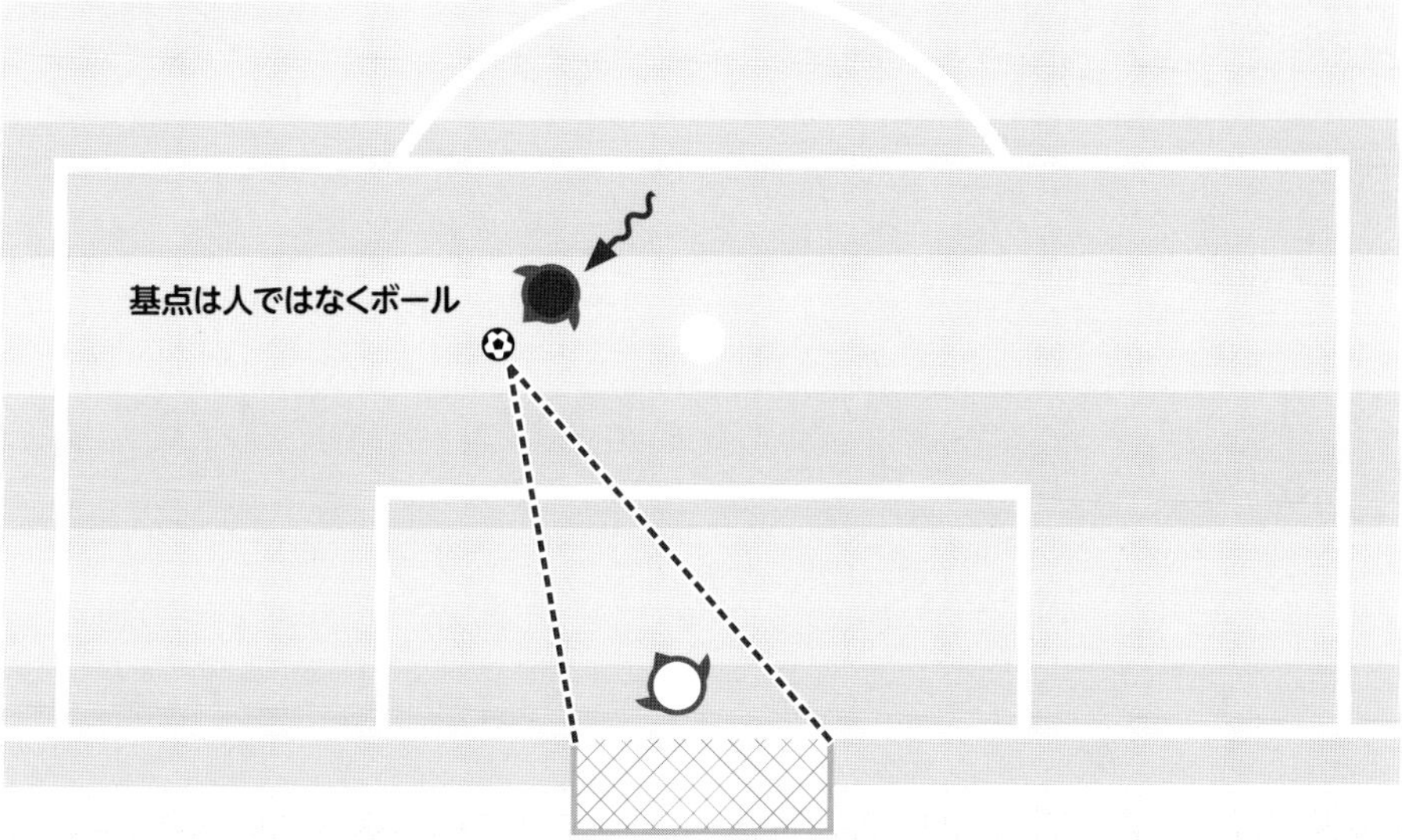

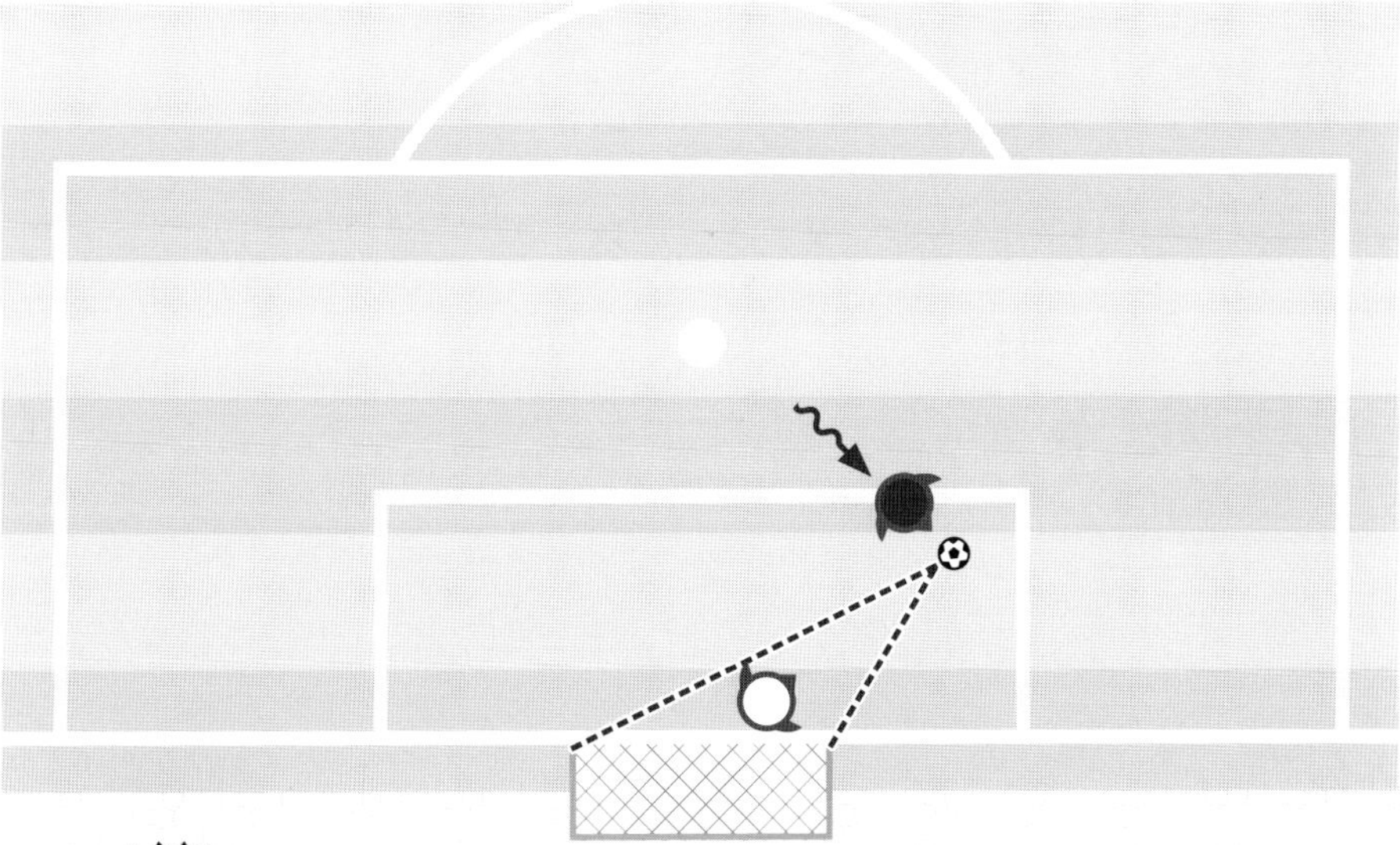

GKを始めたばかりの選手がしがちなミスに「**ボールではなく、人に合わせて移動してしまう**」ことがある。相手が中央からサイドにドリブルで流れているときに、ボール保持者と正対する形でポジションを取ると、ボールは相手の足から１、２個分、外にあるので、ニアサイドのコースが空いてしまう。どちらの足でボールを持っているかに注目し、立つ位置を微調整して、シュートコースを狭めよう。

クロスボールのポジショニング

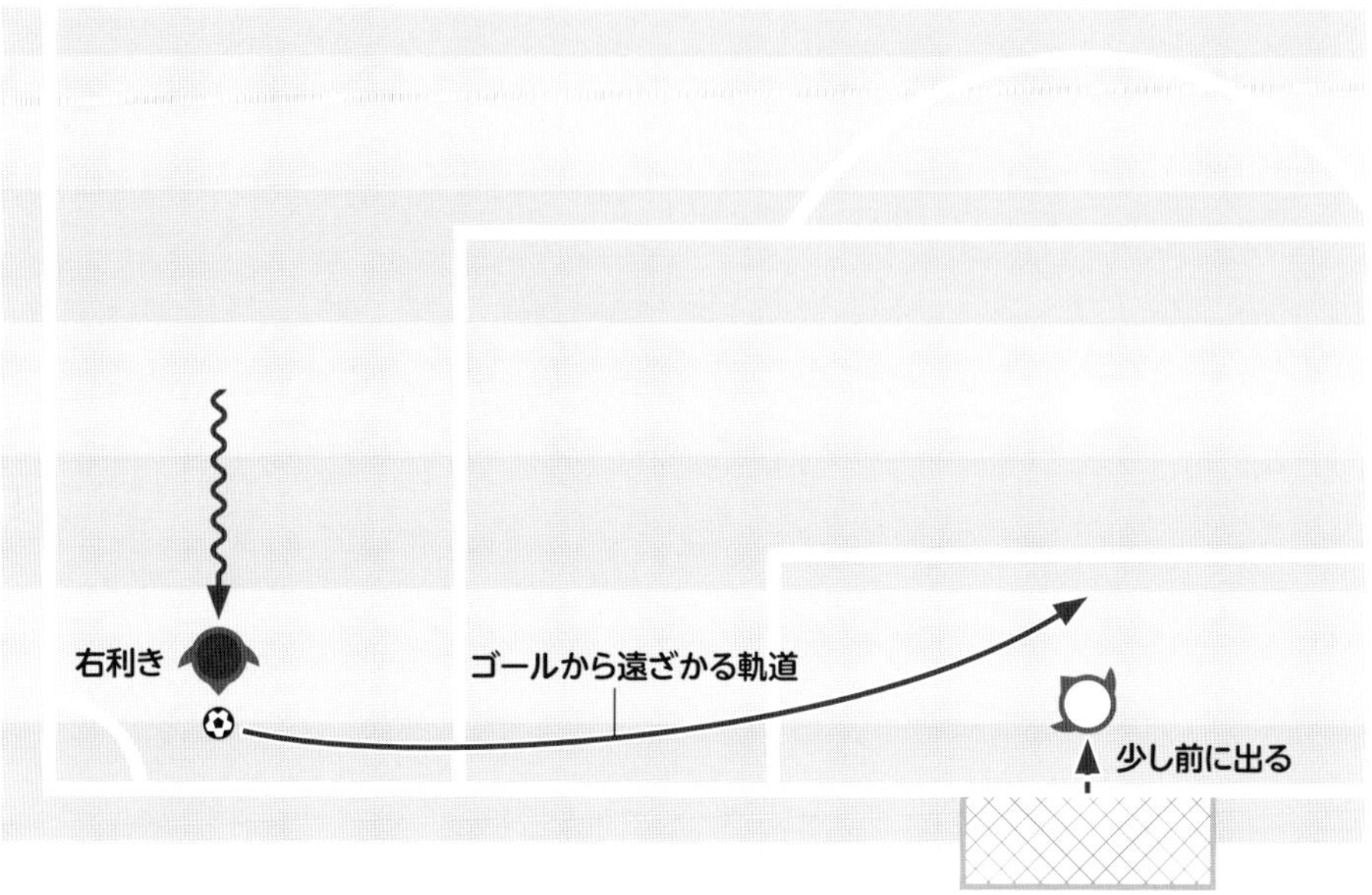

クロスボールに対しては、**（1）ボールの位置、キッカーの利き足に合わせてポジションをとり、（2）クロスボールが蹴られるまでは先に動かず、（3）ペナルティーエリアのどこまでであれば、ゴールを離れてボールに対応するか、を決める。**

右利きの選手が右サイドの深い位置（コーナーアークに近い場所）でボールを持っている場合は、右足でクロスを上げる可能性が高いので、GKから遠ざかる軌道になる。このとき、GKがゴールラインに張りつくようなポジションを取ると、ゴールから離れていくボールへの対応に時間がかかってしまうので、**ゴール中央のゴールラインより少し前に出たところにポジションを取る**のが望ましい。

クロスボールへの対応

体の向きは半身にする。ボールに対して正対すると、ファーサイドへ移動する際に上半身を大きく動かさなければいけなくなり、ステップを踏む際にも無駄な動きが増える。ゴール前で視野を確保するためにも、半身の姿勢をキープしよう。

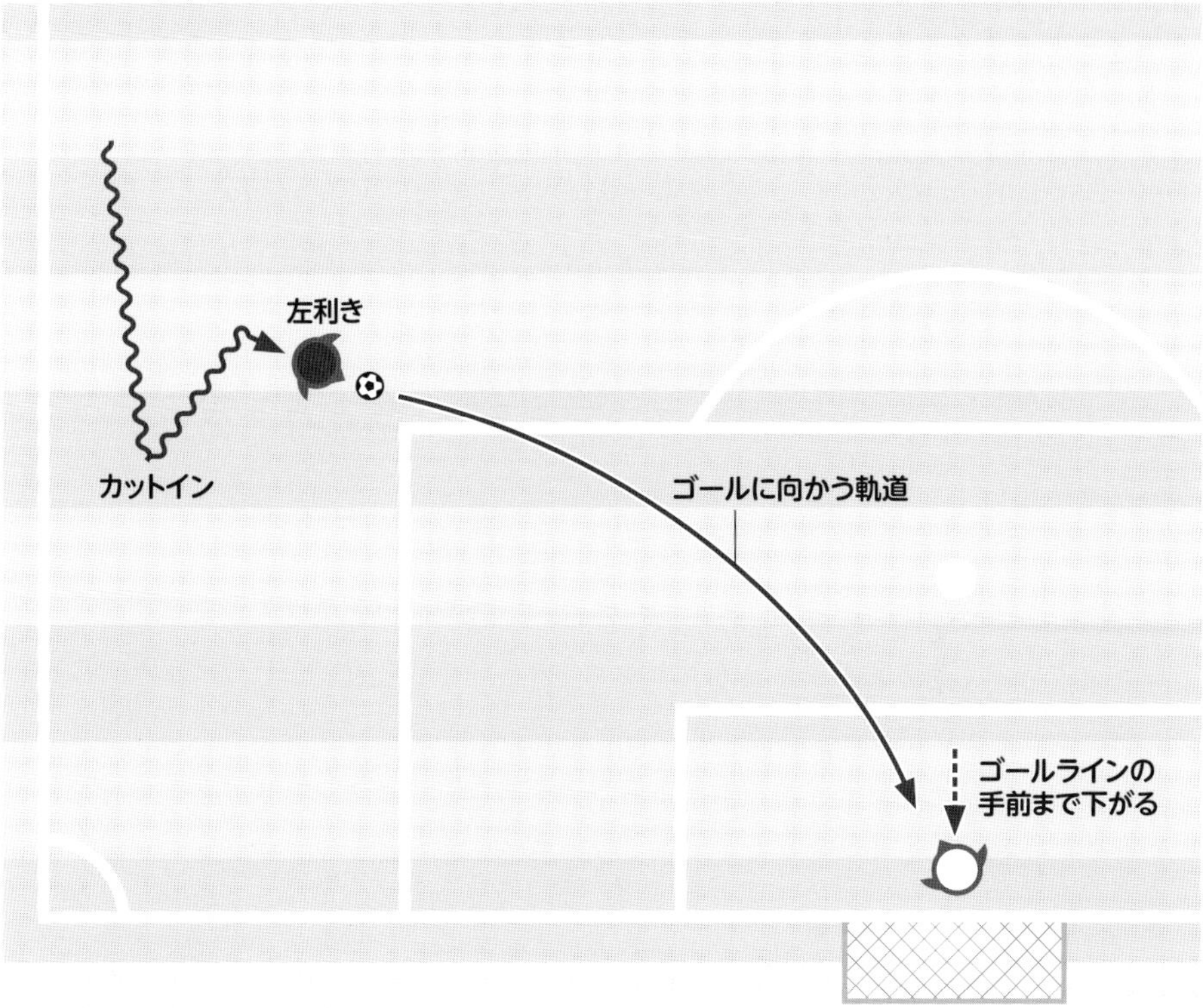

左利きの選手が右サイドでボールを持ったときは、利き足である左足の前にボールを置くことがほとんどで、ゴールに向かって来るボールが多くなる。そのため、**左利きの選手が右サイドでボールを持ち、中央へ切り返してきたら、直接ゴールを狙われても対応できるように、GKはゴールラインの手前までポジションを下げる。**GKが少しでもゴールラインから離れて前に出ていると、クロスを入れると見せて、直接ゴールを狙ってくることがある。相手のレベルが上がれば上がるほど、一歩の違いが大きな差となって表れるので気をつけたい。

ライナー性のクロスボールの対応

ライナー性のすばやい弾道のボールは、軌道が変わる恐れがないので、**GKの前に味方や相手選手がいない状況では、できるだけ前に出て対処**しよう。反対に、山なりのクロスボールなどの浮き球に対応する際は、**速く動き出さないこと**。山なりのボールに対して速く動き過ぎると、落下地点の目測を誤る可能性がある。ボールが上がりきり、落下を始めてから動き出しても間に合うので、焦らないこと。

浮き球が蹴られる状況でのポジショニング

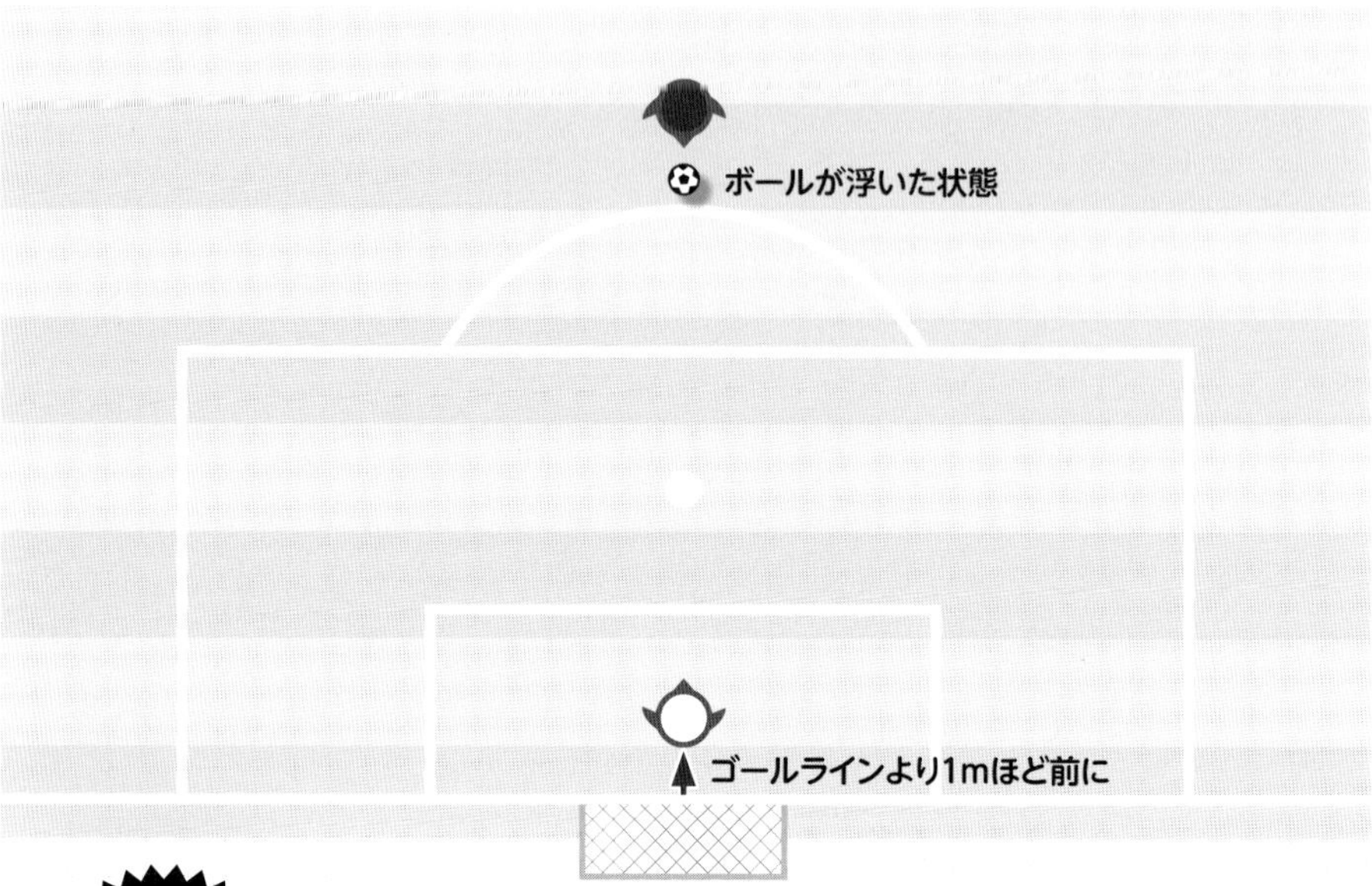

ボール保持者がペナルティアーク付近にいて、足元のボールが浮いているときは、**ゴールラインから１メートルほど前に立つ**。ゴールライン上に立つと、頭上に来たボールを後ろへはじくときに、手に当たった後にクロスバーに当たって跳ね返り、自身に当たってゴールに入ってしまう危険性がある。ゴールより１メートルほど前に立って、頭上に来たボールに対して手を出せば、ゴールの枠の外へと運びやすくなる。

シュートコースを予測する

足の振り方から、シュートコースを予測する方法もある。キッカーがボールの正面に入り、下から上へと足を振る場合は、GKの頭上を狙う山なりのボールが飛んできやすく、ボールの横から足を振るときは、低い弾道かバウンドしたボールが飛んでくる。まずは**ボール保持者の動作や体の向き、視線などをしっかりと見て、ボールの弾道を予測**しよう。それに応じて、開始姿勢を微調整するところまで、目を向けるとなお良いだろう。

1対1のポジショニング

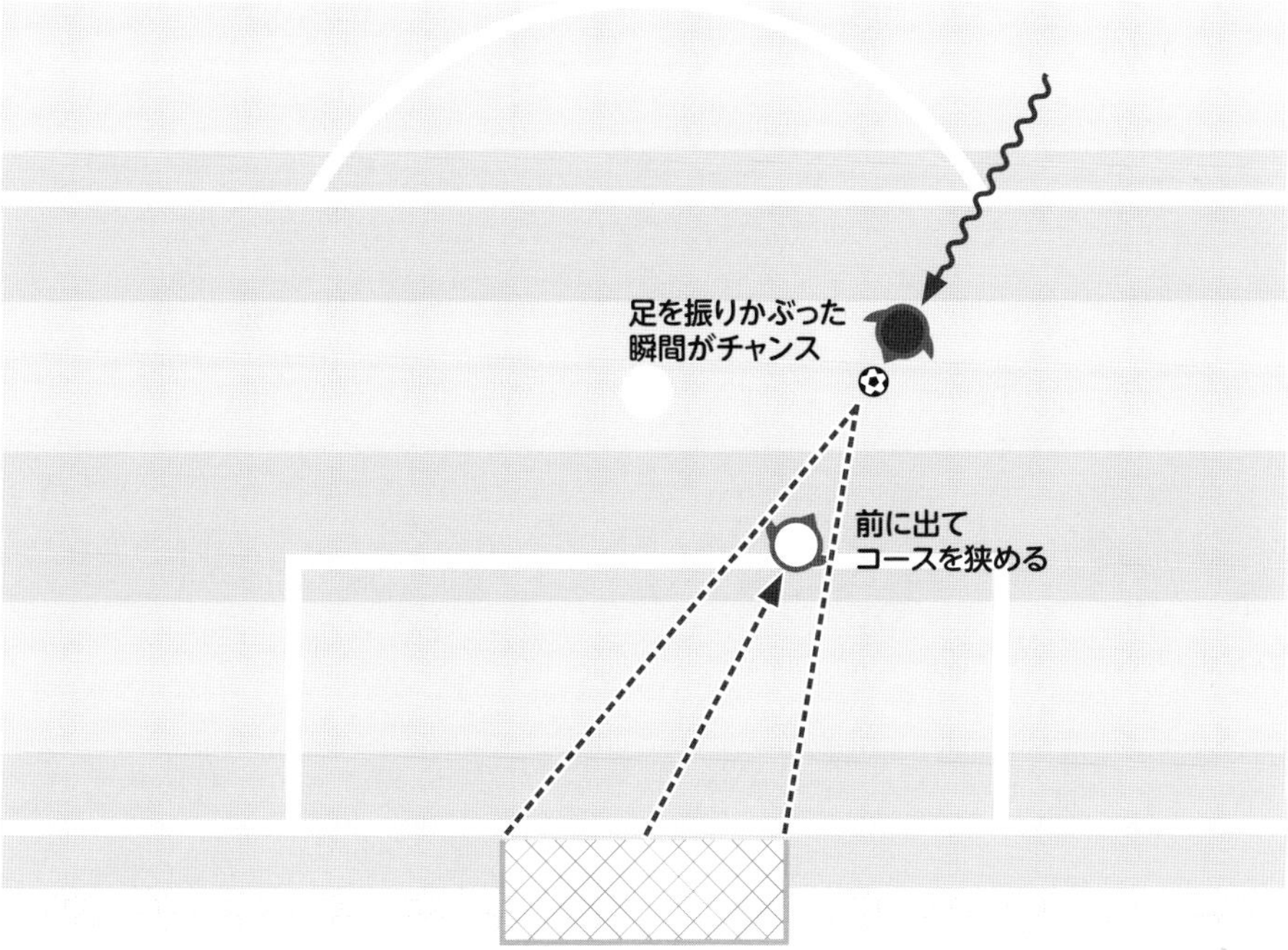
足を振りかぶった
瞬間がチャンス
前に出て
コースを狭める

ポイント

1対1の状況では、シュートコースを狭めるために、前に出るのがセオリーだ。そしてボールが相手の足から離れた瞬間、あるいはシュートを打とうと足を振りかぶった瞬間にすばやく前に詰め、ボールをブロックする。ペナルティーエリア内での1対1の場合、相手はシュートを狙っているので、ボール保持者がシュートを打とうと足を振りかぶった瞬間に前に出て、距離をギリギリまで詰める。そして、至近距離でシュートをブロックする。

悪いケースが、ボール保持者がドリブルで向かってくるときに、前に出て距離を詰めず、構えてその場にとどまっていること。これは相手の間合いでシュートを打たれるので、対応が後手に回ることになり、失点する可能性も高まる。練習中は間違っても良いので前に出て、相手と距離を詰められるところまで行こう。詰めずにその場にとどまる癖がついてしまうと、相手のレベルが上がれば上がるほど、簡単にシュートを決められてしまう。ためらわずに前に出る訓練をしよう。

コーナーキックのポジショニング

インスイング

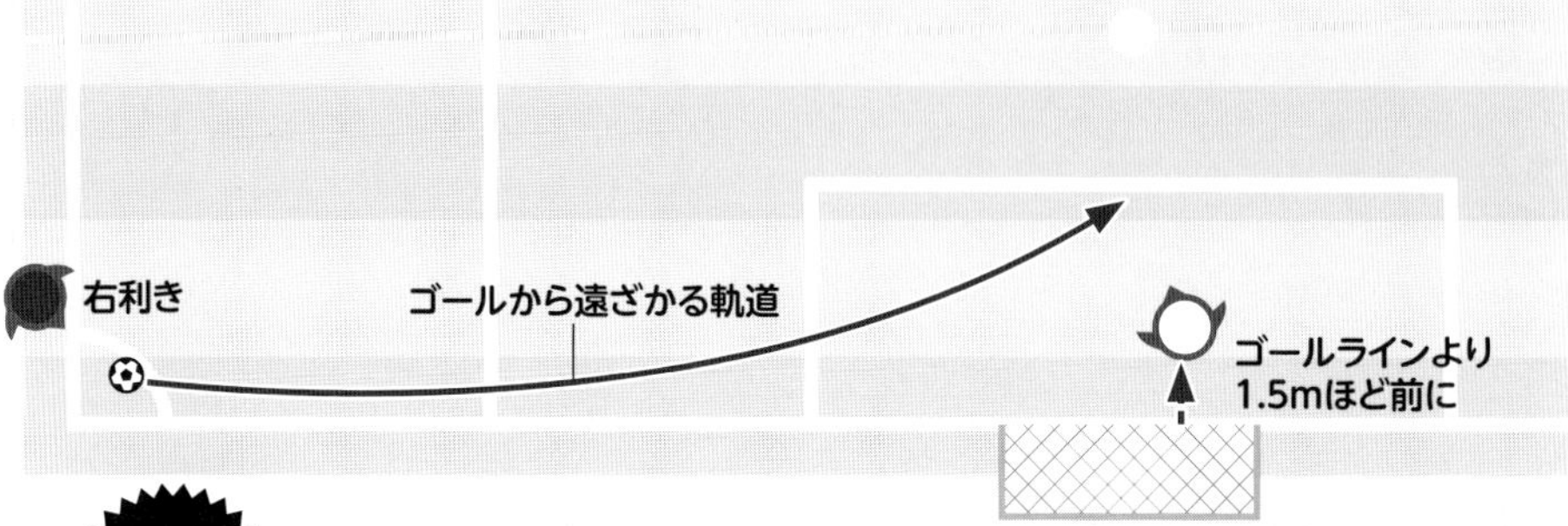

コーナーキックのとき、**GKはゴールの中央からややファーサイドよりの場所に立つ。**そしてキッカーがインスイングのボールを蹴ってくるか、アウトスイングのボールを蹴ってくるかで、前後のポジションを微妙に変える。ゴールから離れていくインスイングのボールは直接ゴールに入ることはないので、**ゴールラインよりも1.5メートルほど前に出る。**

アウトスイング

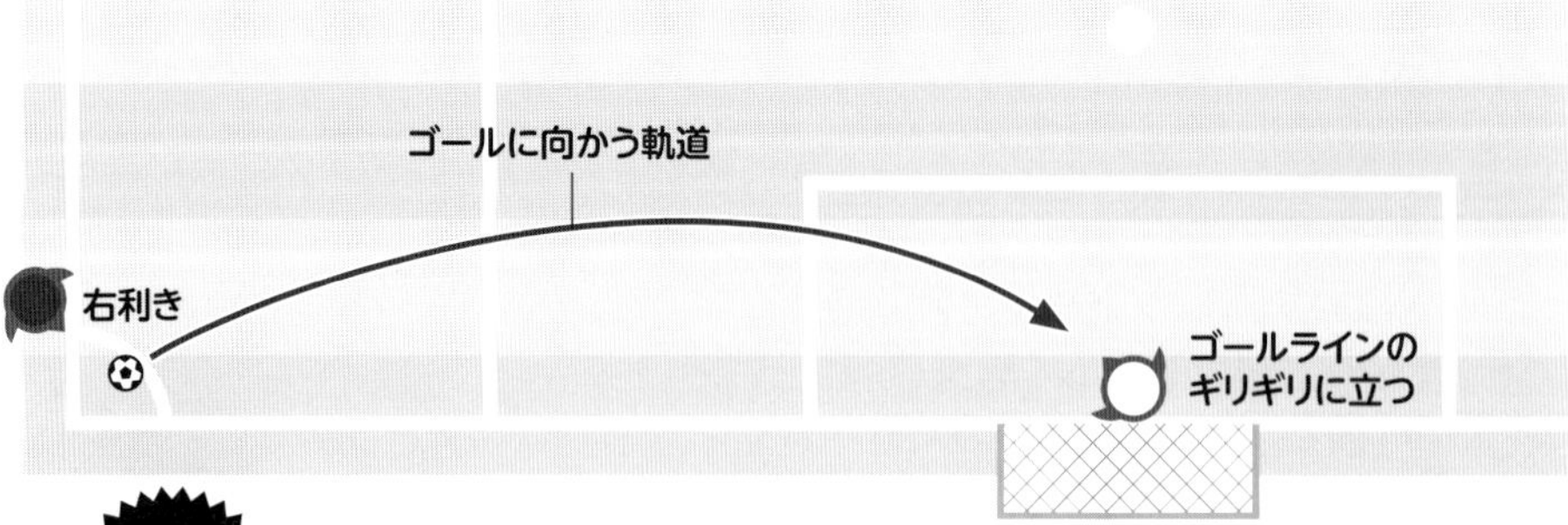

ゴールに向かってくるアウトスイングのボールは、直接入る恐れがあるので、**ゴールラインのギリギリでゴールの中央に立つ**ようにする。**インスイングかアウトスイングかは、キッカーの利き足によって見分けられる。**右サイドのコーナーキックで右利きのキッカーがセットしてインスイングで蹴った場合は、ボールはゴールから離れていく。左利きのキッカーのインスイングの場合は、ゴールに向かってくるボールが飛んでくる。

コミュニケーションで失点を防ぐ

ここまで、GKの個人戦術について紹介してきたが、最後に大切な要素である「コミュニケーション（指示出し）」について説明したい。GKの良いプレーとは、相手のシュートを止めることがすべてではない。味方に指示を出して動かし、相手にシュートを打たせないようにするのも、立派な「ナイスキーパー！」なのである。

指示出しのポイントは２つ。それは**「わかりやすく」「はっきりと」伝える**ことだ。指示の意味を考えなくても、聞けばすぐに体が動くような「寄せろ！」「９番マーク！」など、簡潔な指示を出し、味方を動かそう。

▼指示を出すときのプロセスは、以下の順番になる。

①ゴール前で相手選手をフリーにさせないようにマークをつける
②DFが相手に飛び込むべきか、待つべきかを決める
③DFにブロックするコースを限定させる
④DFが相手からボールを奪う

GKはボールが動いている最中、常にこの４つのポイントを意識するとともに、「ここにボールを通されたら危ない」「あの選手がフリーになりそうだな」と予測をし、それに備えるために味方に声を出し続けよう。

★悩《なや》めるサッカー少年《しょうねん》たちに送《おく》るスーパースターの物語《ストーリー》が幕《まく》を開《あ》ける…

Super Star Research Laboratory

スーパースター研究室《けんきゅうしつ》

フェアリー先生《せんせい》が教《おし》えてあげる♡

Chapter.1 グリエーズマン物語《ストーリー》

『アントワーヌ・グリエーズマン自伝』・原書《げんしょ》

サダタロー・作画《さくが》

あのグリエーズマンが…
子《こ》どものとき苦《くる》しんでいた!?
…っていうかダレ？今《いま》の声《こえ》？
ピカー
ポンッ
うわっー!
どーもー♫
アタシはサッカーボールの妖精《ようせい》さん…
ニコッ
タマちゃんでーす♡
よろしくねー♪
平並平《たいらなみへい》くん♡
……
…コスプレのおねえさん？
サッカースクールの勧誘《かんゆう》かなにか？
だからー妖精《ようせい》さんだってー
パタ
パタ
サッカーで悩《なや》んでいるナミヘーくんに…
えーとオシリのポッケに…
世界《せかい》のトッププレイヤーも同《おな》じように悩《なや》んで努力《どりょく》していた!
ってことを見《み》せてあげに来《き》たんだよ!
ガサゴソ
え？

このタマテレビでー♡
どーーん
うわっ
むっ
おっ
おしりのポッケからテレビが!?
このテレビでグリエーズマンの少年《しょうねん》時代《じだい》を見《み》てみましょー♡
パッ!!
…うつった!
この少年《しょうねん》がグリエーズマンだね!
ピッ
ダッ
ポーン
サッ…
ぐ〜〜ん

ズバーーッ!!
スゲェーー!!
ワァァァァ
グリエーズマンは地元《じもと》のクラブで大活躍《だいかつやく》していて――
フランス国内《こくない》の名門《めいもん》クラブからトライアルの誘《さそ》いがいくつも届《とど》いていたんだよ
そりゃあこれだけ上手《じょうず》なんだからどのクラブも欲《ほ》しがるに決《き》まっているジャン!
こんなグリエーズマンが何《なに》に悩《なや》んでいたっていうんだよー
どのクラブも欲《ほ》しがる――かぁ…
果《は》たしてそうかなぁー
――今回《こんかい》のトライアルはアシストもゴールもできた…
今度《こんど》こそ合格《ごうかく》するはずサ…
ワー
ワー
ワー
今度《こんど》こそ…

――ノンです
すみません…
えっー
なんで!!?
――彼《かれ》は小《ちい》さすぎるので…
フランスのクラブはどこもフィジカル重視《じゅうし》で体《からだ》が大《おお》きくてパワフルな選手《せんしゅ》を求《もと》めていたんだって…
そんな…
あんなに上手《じょうず》なのに!?
……
ピッ
――またダメだったんだね？パパ
背《せ》が高《たか》いとか速《はや》く走《はし》れるとかそんなことでサッカーの才能《さいのう》を決《き》められてたまるか!!
絶対《ぜったい》にあきらめないぞっ!!

スゴいなァ…
ボクなら心《こころ》が折《お》れちゃうかも…
そう！
スゴいんだよ♫
エッヘン！
SOCCER
そしてあきらめなかったグリエーズマンについに女神《めがみ》がほほ笑《え》みかけたの！
スッ
…ハァ
今日《きょう》は良《い》いプレーができなかったなァ…
ゾゾッ
うわっ！
いきなりなんだよオジさん!?
何《なに》これ？名刺《めいし》!?
フフフッ
自宅《じたく》に着《つ》いたら読《よ》みな！
何《なん》だったんだよ…あのオジさん！
自宅《じたく》に着《つ》いてから…って言《い》われたけど
ちょっとだけ…
！

ご両親《りょうしん》へ
私《わたし》はご子息《しそく》に
レアル・ソシエダで1週間《しゅうかん》の
トライアルに参加《さんか》してほしいと
思《おも》っています。

お電話《でんわ》ください。

レアル・ソシエダ…?

スペインの名門《めいもん》じゃん!!

そう!

謎《なぞ》のオジさんはレアル・ソシエダのスカウトだったんだ!

ご両親《りょうしん》は不安《ふあん》だったみたいだけど——

スペインだなんて…

遠《とお》すぎるよ!

またツラい思《おも》いをするかもしれないぞ?

チャレンジしたいんだ!!

ドンッ
やらせてよ!

パパ!! ママ!!

そうしてスペインのレアル・ソシエダのトライアルに参加《さんか》したグリエーズマンは…

ライバルチームのアスレティック・ビルバオとの試合《しあい》に途中出場《とちゅうしゅつじょう》していきなりのヘディングゴール!!

ワアァァ

ここにはボクより小《ちい》さな選手《せんしゅ》が当《あ》たり前《まえ》のようにいる…
ワァァ
ここでならボクもきっと認《みと》めてもらえる…!!
──その後《ご》彼《かれ》は見事《みごと》にレアル・ソシエダの一員《いちいん》になることができたんだよ!
ホーッ
よかったーー!
これでもう安心《あんしん》だね!!
まだまだ
まだまだ
チッ
チッ
えーーっ!
まだ何《なに》かあるのー!?
グリエーズマンの故郷《こきょう》
マコン
車《くるま》で8時間《じかん》!!
スペインに近《ちか》い
バイヨンヌ
考えてもみて?
家族《かぞく》と離《はな》れて国境《こっきょう》に近《ちか》いバイヨンヌという町《まち》で生活《せいかつ》することになるんだよ?
おはようはブエノスディアスでこんにちははブエナスタルデス…
どっちもボンジュールでいいじゃん!!
そしてサッカーだけじゃなくてもちろん勉強《べんきょう》しないといけない…
しかもチームメイトとのコミュニケーションのためスペイン語《ご》を一《いち》から覚《おぼ》えなきゃダメだし…
13歳《さい》で実家《じっか》から離《はな》れて…勉強《べんきょう》して…サッカーして…
ナミヘーくんならこんな生活《せいかつ》できる?

…泣《な》いて
逃《に》げ出《だ》す!
そんなの
ツラすぎる!!
アラ
SOCCER
でも…
グリエーズマンも
同《おな》じ気持《きも》ち
だったみたいよ!
え?
学校《がっこう》が
休《やす》みになった
短《みじか》い間《あいだ》の帰省《きせい》…
それが終《お》わって
バイヨンヌに戻《もど》るために
空港《くうこう》まで送《おく》ってもらう
車《くるま》の中《なか》で…
ブロロロロロロロ
グリエーズマンは
いつも泣《な》いて
いたんだって…
ブロロロロ
……
グズッ…
ヒック…
キキッ
ガチャ

…じゃあ ストップするか？
それとも 続《つづ》けるか？
家《いえ》に 帰《かえ》りたいなら
それでも 良《い》いんだぞ？
グシ グシッ
…ううん パパ…
きっと できるよ!!
フッ…
ブロロロロー

勘違《かんち》いしちゃったナミヘーくん…だけど勉強《べんきょう》も大切《たいせつ》! みんなは勉強《べんきょう》もサッカーもがんばろう♡

4コマ漫画で学ぶ！

サッカーの豆知識 1

●マンガ：タカハラ ユウスケ

エースナンバー

ダービー

イタリア式ボール遊びで サッカーがぐんぐん上達！

遊びにはサッカー上達のエッセンスが詰まっています。
楽しくプレーしているだけで、いつの間にかスキルや判断力が磨かれ、
駆け引きが身についていくのです。
多くの名選手を輩出するサッカー大国イタリアでは、
子どもたちが日常的に行っているボール遊びがあるといいます。
一体どんな遊びなのでしょうか？

●文・写真：宮崎隆司　●イラスト：アカハナドラゴン

サッカーを遊ぼう！

小中高生のみなさんにとって何よりも大切なのは、「ちゃんと食べること、たくさん遊ぶこと、しっかりと休むこと」です。だから、たまには厳しい練習を休んで、近所の公園へ遊びに行きましょう。仲の良い友だちと一緒に遊ぶサッカーって最高に楽しくて、その楽しさこそがうまくなるために一番大切な要素なのですから。

　学校が終わると、イタリアの子どもたちは近くの公園へ猛ダッシュで直行します。公園のグラウンドを使えるのは早い者勝ちだからです。普段は怠け者のイタリア人ですが、ことサッカーになると必死です。これから、サッカーボールは最高のおもちゃだというイタリアの子どもたちが日常的にやっている代表的なボール遊びを紹介します。みなさんもお腹ペコペコになるまで思いっきり遊びましょう！

1 トラベルシーナ

▼バー&ポスト当て勝負！

グラウンドに集まってきたイタリアの子どもたちは、スライストマトとハムとチーズをたっぷり挟んだパニーノ（イタリアのハンバーガー）を頬張りながら、適当にボールをポンポン蹴り始めると「トラベルシーナ」という名の遊びを始めます。「トラベルシーナ」は、トラベルサ（＝クロスバー）を語源としています。学校の机に座っていたことで固まった体をほぐすのにちょうどよく、後に始まる〝真剣な遊び〟に備えてのウォーミングアップにも最適です。

◉ルール

・順番に適当な位置からフリーキックをして、ボールが命中した場所によって点数を競う
・ゴールポストとクロスバーの角は15点（ただし、その角の内側に当ててゴールを決めれば、さらにプラス5点）。バーは10点。ポストは5点
・ポストに当たらずゴールに入った場合は、クロスバーに近いところから順に9点、8点、7点、6点、5点。枠外は0点
・最も点数の低い子がＧＫ役になる

◉ポイント

大切なのは、適当にやること。だって遊びなんですから。➡

2 テデスカ

▼リフティングパスからシュート！

トラベルシーナでＧＫ役が決まると、次に行う遊びは「テデスカ」です。これもまた軽いウォーミングアップのようなもの。急いでグラウンドに来たけどまだ人数がそろわないとき、ただ待っているだけでは時間がもったいないので、この「テデスカ」で盛り上がります。

◉ルール

※6人で遊ぶ場合（〝最少人数〟は3人）
・「トラベルシーナ」などで最初にＧＫ役を決める
・全員の持ち点を決める（最初にＧＫ役となる選手が25点、他の選手たちは20点など）
・ＧＫ以外の5人がゴールを囲み、リフティングしながらパス交換をして、「シュートに行ける！」というボールが来たら思いっきりゴールを狙う
・シュートまでの過程でボールを地面に落としてはいけない
・シュートの難易度で得点が決まる（ボレー1点、ヘッド2点オーバーヘッド3点、かかと4点、胸5点、肩6点、お尻7点ラボーナ8点など）
・ゴールを決められたＧＫは、そのシュートの点数を自分の持ち点から引かれる
・シュートを枠から外すとＧＫ役になる ➡

実際、イタリアの子どもたちは、たまたま近くを通りかかったおじさんやお姉さんたちに「今の見たよね？　何点だと思う？」って聞いたりしながら遊んでいます。楽しく遊びながらやるからこそうまくなれるのです。

点数の付け方だって自由です。例えばポストと地面の角を正確にとらえてゴールを決めれば、ポストとバーの角の内側に当てるのと難しさは変わらないとも言えるので20点にするなど、自分たち独自のルールを決めて構いません。遊びながら、シュートの精度を高めましょう。

・持ち点が0になったら退場
・最後に残った人が勝ち

◎ポイント

遊びながら浮き球のコントロールやシュートの技術を身につけることができるテデスカは、イタリアの子どもたちに最も愛されている遊びの一つ。イタリアでは、「あいつテデスカうまいよね」というのはすごい褒め言葉です。

大切なのは、〝大技〟に挑むこと。遊びですから、失敗を怖がる理由なんてありません。イタリアの子どものように高得点を狙って難易度の高いシュートにチャレンジしましょう。

3 スカルティーノ

▼ドリブル&シュートゲーム

テデスカが終わる頃には、遅れていた子どもたちもグラウンドに来てパニーノを頬張っています。となれば、ごく自然に「スカルティーノ」が始まります。

「スカルティーノ」の語源は「スカルターレ」という動詞。意味は、ドリブルで敵を抜き去る。つまり、とにかくドリブルしまくるというだけのゲームです。テデスカと同じように、ゴールは1つあればOK。シュートを決めるには、状況に応じて最も点を取れる確率が高いプレーを選択する必要があります。このʺコツʺをつかむうえで実に効果的な遊びです。

◉ルール

※合計10人で遊ぶ場合

・トラベルシーナなどでGK役を決める

・GKが適当にポーンと高くボールを蹴り上げたらゲームスタート

・混戦の中でボールを取った選手が残り9人を相手にシュートを決める

・ボールの奪い合いとシュート合戦を繰り返す

◉ポイント

もちろん9人を相手にするなんて、めちゃくちゃ難しい。⬅

4 モンディアリート

ドリブル&シュートのトーナメント

これは「スカルティーノ」の別バージョン。スカルティーノのトーナメント方式と言い換えることができます。

◉ルール

※10人で行う場合

・基本的なルールはスカルティーノと同じ（GKを除く9人が1対8に分かれてボールの争奪戦を繰り広げる）

・ゴールを決めた選手が順にゲームから抜ける

・負け残った1人は脱落（脱落した選手は、次のゲームの実況をする）

・脱落者を除いたメンバーで新たにゲームを行う（2人が勝ち残るまで繰り返す）

・最後に勝ち残った2人はファイナルに進む

・ファイナルで3点先取したほうが優勝

◉ポイント

攻守が激しく入れ替わるので、球際の激しさや走力、そして判断力が磨かれます。

負け残りだからうまくない子ほど長くプレーできます。10人で始めたゲームが1対1の勝負になるまでの間ずっとピッチにいるわけですから、当然のことながらボールに触る数も多く⬅

大抵すぐにボールを奪われてしまいます。イタリアでは遊び慣れている子どもほど無理にボールを奪いに行きません。別の誰かが奪いにいくと、その子の斜め後ろあたりで巧みに（シュートコースを切りながら）ポジションを取り、こぼれ球を狙います。いわゆる〝チャレンジ&カバー〟の動きを遊びながら自然と覚えていくわけです。

ゲームが続いている間に休憩するのも自由。ボールを追いかけるのがきついなら、ゴール前でこぼれ球を待ち伏せしていればいい。体力ではなく、テクニックと頭を使う。抜け目なく、したたかに。これがスカルティーノを制する秘訣、つまりは点を取るためのコツです。

なります。ボールに触る数が多ければ多いほどうまくなるのがサッカーですから、良くできた遊びと言えるでしょう。

逆に、うまい子はより人数が多い状況でゴールを決めなければならないので、さらにドリブルとシュートの技術が磨かれます。一挙両得です。ちなみに、イタリア代表のインシーニェはモンディアリートの名手として知られています。

「トラベルシーナ」「テデスカ」「スカルティーノ」、そして「モンディアリート」。4冠を達成すれば、その付近の子どもたちの間で、ちょっとしたヒーローになれます。

5 ポルタ・ア・ポルタ

▼ロングシュート合戦！

「ポルタ・ア・ポルタ」を直訳すると「ゴールからゴール」。その名のとおり、単にボールを蹴り合ってゴールを決め合うという、とてもシンプルな遊びです。遅刻のメンバーを待っている時間や練習の合間、一通りの遊びが終わって多くの子どもたちが家に帰った後に、残った子どもたちだけでやったりします。

◎ルール

・フットサルコートのような小さいコートで自陣と敵陣に1人ずつ（または2人ずつ）分かれてロングシュートを蹴り合う
・敵陣に入ってシュートするのはNG
・守る側は手を使わずにシュートを阻止する（ゴールに入ろうとする相手のボールを足やヘディングでクリアしたり、胸など腕以外の体を使ったりして止める）
・多くゴールを決めたほうが勝ち

◎ポイント

「トラベルシーナ」と同じように、適度なウォーミングアップになるのはもちろん、蹴る側にとってはシュートやロングパスの練習になるし、守る側はロングボールのトラップやクリアがうまくなります。

ルールは自分たちで自由にアレンジして構いません。ゴー⬅

真剣な遊び
巧さ vs ズル賢さ

これまで説明したいくつかの遊びをやっているところでほどよく人数が集まってきたら、いよいよ本格的な試合の始まりです。つまり、これが冒頭に記した“真剣な遊び”なのです。

先日、私の自宅近くの公園にあるサッカー場では、いつものように子どもたちがテデスカなどで一通り遊んだ後で、最後は白熱のゲーム（6対6）を繰り広げていました。

その子たちの国籍は、セネガル人1名、ナイジェリア人1名、スロベニア人1名、ブラジル人3名、イタリア人5名、そして日本人が1名。適当だけど、いざ試合が始まると当たりの激しさは半端ではなくて、でもやっぱりいつもどおり最高に面白いゲームが延々と続いていました。

途中、スペイン人とアメリカ人が別々に来ては加わっていましたが、これもまた草サッカーではよくあること。6対6が6対7になったとしても、そんなのは大した問題ではありません。人数が多すぎるときは、適当に3、4チームにでも分けてリーグ戦方式にすれば良い。大切なのはアドリブ、臨機応変にやればいいのです。

こういう子どもたちの遊びを眺めていると、ブラジル人のうまさに改めて気づかされます。さすが彼らのテクニ⬅

ルエリアの外（もしくは中）でしか守れないとか、ボールを止めてから3タッチ以内にシュートしなくてはいけないとか、いろいろ工夫しましょう。

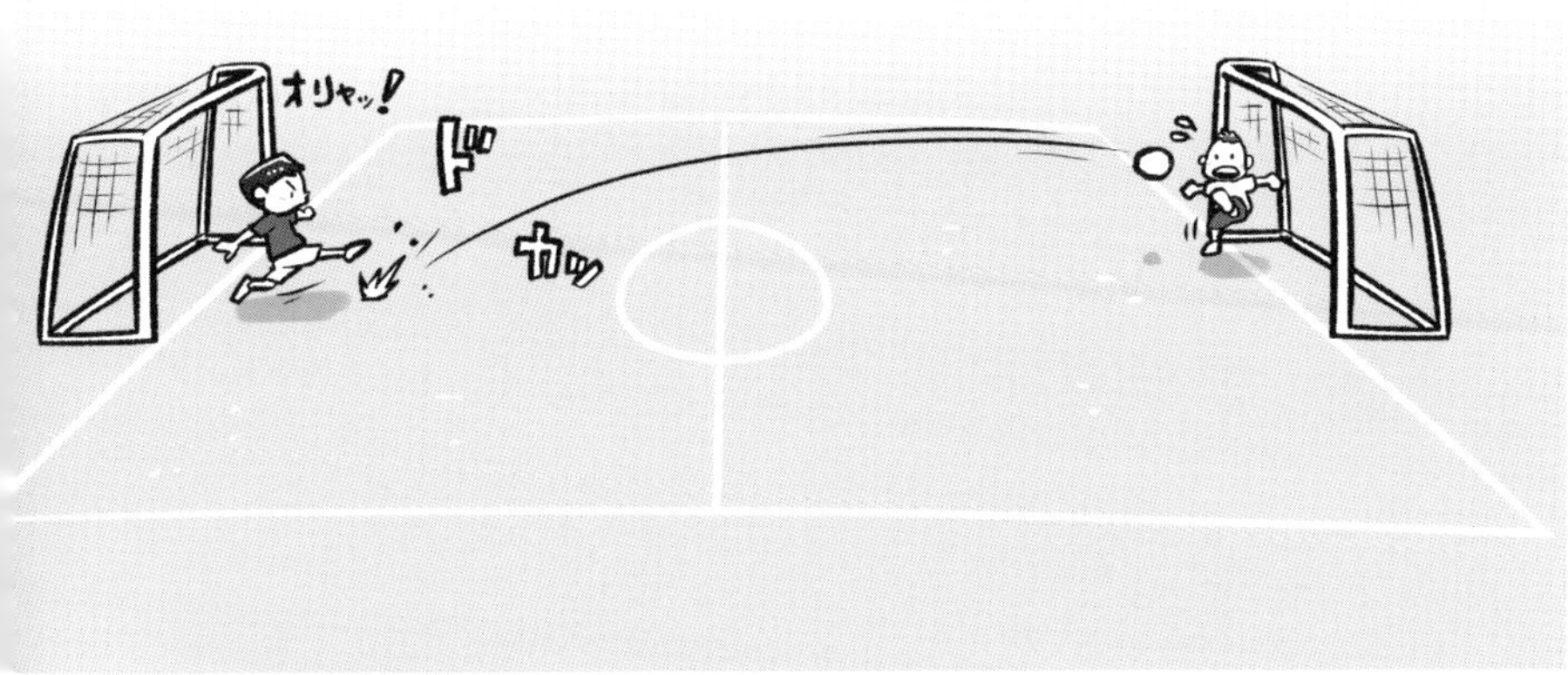

ックは本当に見事です。
しかし、そのブラジル人グループ対イタリアの子どもたちの戦績は、五分五分。テクニックでは大きく劣るけど、その差を〝ズル賢さ〟で補うのがイタリアの子どもたちというわけです。

一流選手は遊び心を忘れない

イタリアの子どもたちは、ここで紹介した遊びを公園や広場で日常的にやっています。海に行っても、砂浜で延々とこれをやっている。汗をかいて疲れたら海に体を浸してゆっくり休む。おやつを食べて、しっかり水分を補給して、そして体力が回復すれば再び、というように。退屈でつらいだけの走り込みをするより何倍も楽しいし、何倍もうまくなれます。

遊びといっても「スカルティーノ」と「モンディアリート」を連続してやれば、それがかなりの運動量になることがわかるでしょう。同じ走るのであれば、ただ黙々と単調な走り込みなんかをするより、ボールを使った楽しい遊びをたくさんやるほうが良いに決まっています。走り込みなんて時間の無駄。だってそこには〝うまくなる要素〟なんて一つもないのですから。

ここイタリアで、かつて私は幸運にもロベルト・バッジョとペップ・グアルディオラが一緒にトレーニングするのを何度も目にしたのですが、この超一流の2人だって本当に心から楽しそうに練習していました。戦術を確認するトレーニングの張り詰めた空気のなか、バッジョは自分をマークに来る選手の手にわざとボールを当ててハンドをとってみたり、ニッコリ笑ってウインクして見せたり。そこには常に遊び心がありました。

育ち盛り遊び盛りの小中高生のみなさんが、彼らに負けるわけにはいきません。もっとのびのびと、肩の力を抜いて思うがまま、心ゆくまで楽しくボールを追いかけましょう！

Q1

大会 ▸ 2018/2019
ラウンド ▸ スペイン ラ・リーガ 第16節
対戦カード ▸ **レアル・マドリード 1-0 ラージョ**

次の瞬間、ベンゼマは スペースでパスを受けるために DFにどんな動きのフェイントを入れた?

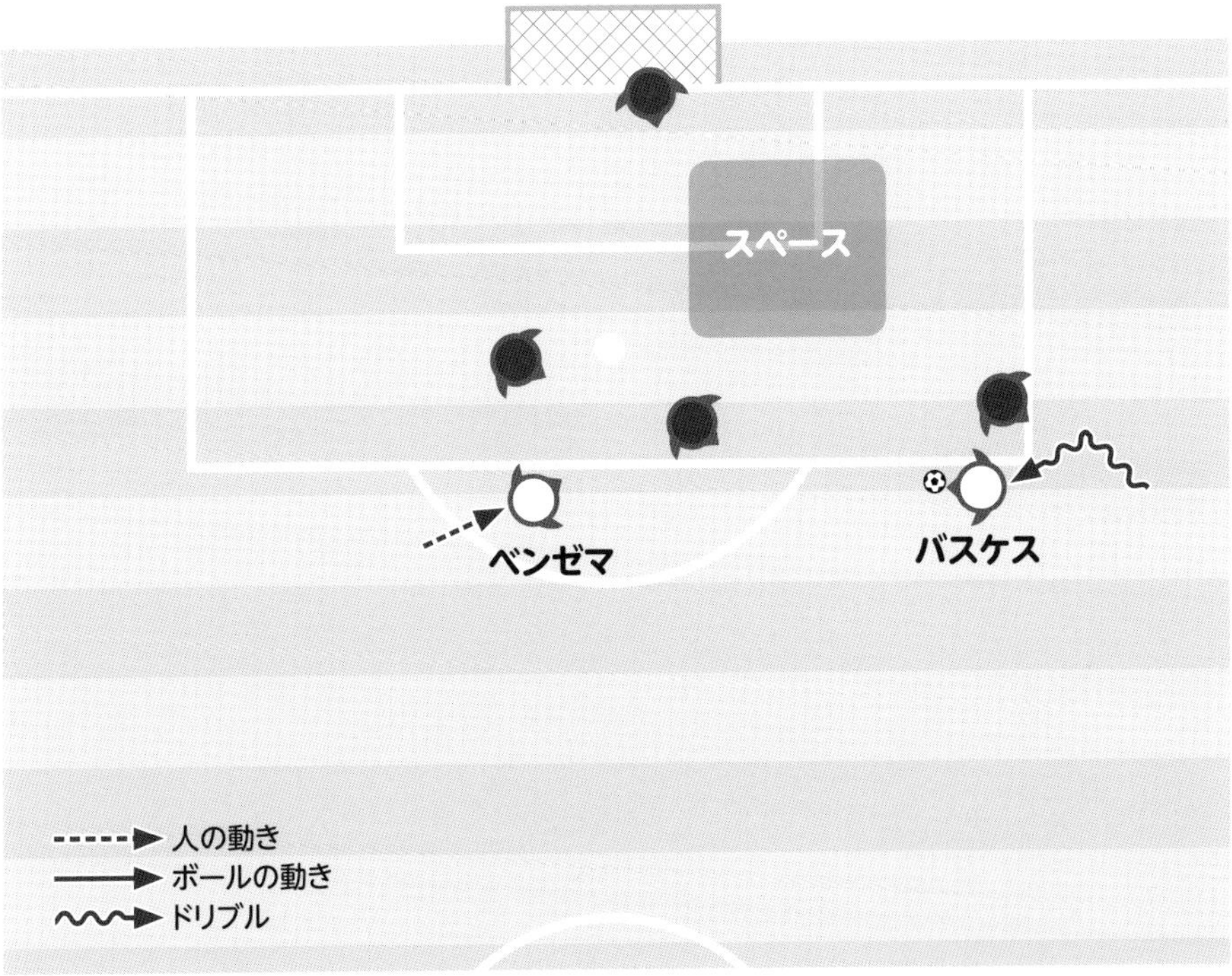

前半13分、右サイドからドリブルで縦に運ぶルーカス・バスケス。ペナルティーエリアの角まで進入すると中央へカットイン。次の瞬間、ベンゼマがパスを受けるために動き出した。

ヒント
裏のスペースを突くために ベンゼマは手前のDFを動かす必要があります

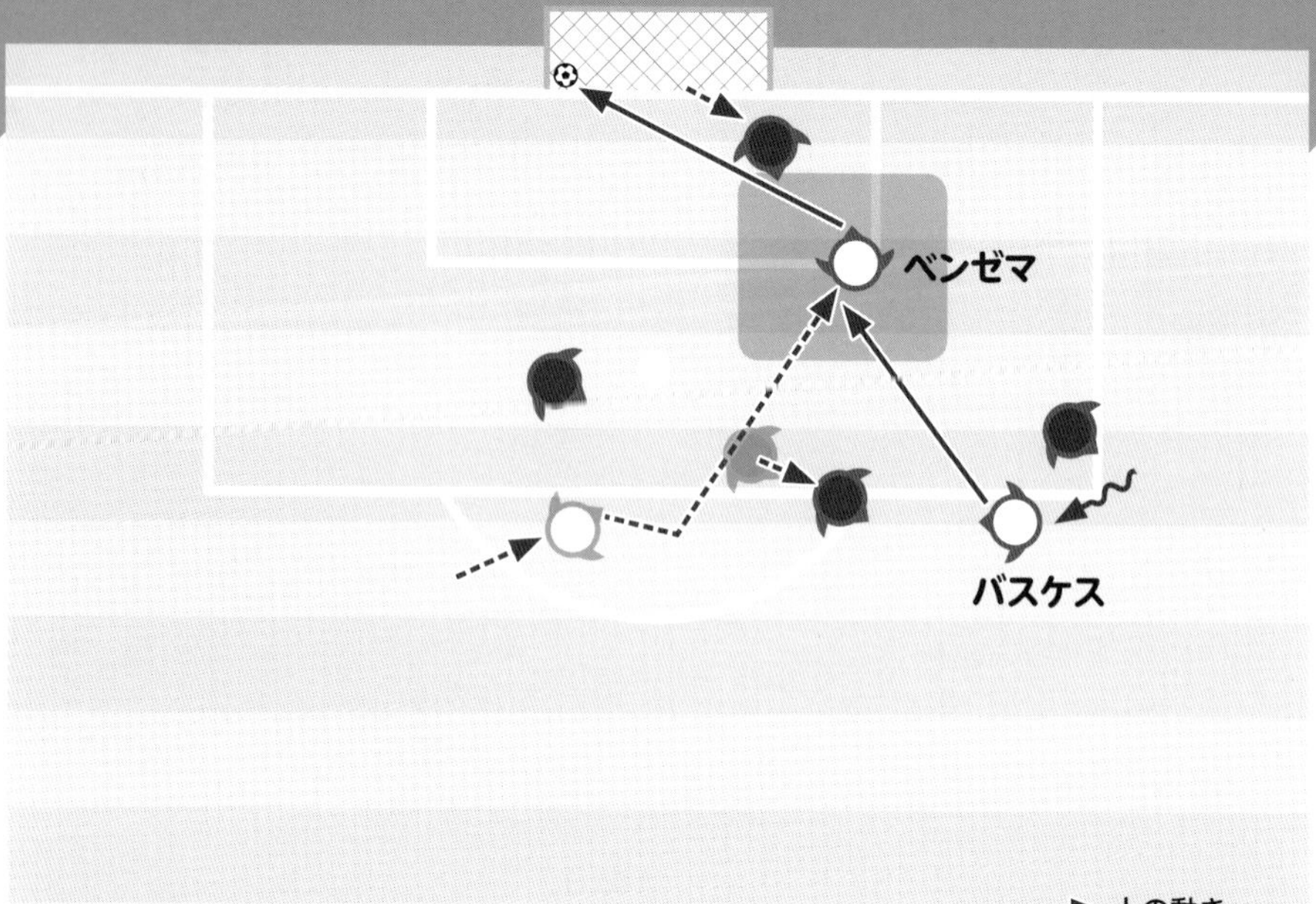

Q1 ANSWER

パスをもらいに行くように横へ動き、DFが動いた瞬間にスペースへ抜け出す

解説

このシーンではベンゼマがいかにマークを外しながら、ＤＦの裏のスペースへ抜け出すかがポイント。問題図ではベンゼマがルーカス・バスケスに向かって移動し、中央のＤＦにマークされています。次の瞬間、ベンゼマはスピードを上げて、バスケスから横パスを受けるように動き出しました。ここがポイントです。ベンゼマはバスケスとの間にいるＤＦの右側の視野に入るように走り込み、中央のＤＦはマークを受け渡しました。間にいるＤＦはベンゼマが来ているのがわかると、釣られてバスケスからのパスコースを消しに行きます。これが狙いでした。ＤＦが釣られた瞬間、ベンゼマは縦に走り出し、スペースへパスを呼び込みました。中央のＤＦは一度マークを外しているので、ついていけません。スペースに抜け出したベンゼマはワントラップしてフィニッシュ。２人のマークを外して裏を取る見事な動き出しでした。

ワンポイント

マークを外しながら
DFを釣り出す
ベンゼマの
オフザボールの動き

『サッカー iQが高まる』シリーズ

世界の超一流選手による実際のゴールシーンを厳選してクイズ形式にした「サッカーシチュエーションクイズ」。さまざまな局面における一流選手の選択の"理にかなった必然性"や"ひらめきの感覚"を知ることができ、選手としてのプレー、あるいは観客としての視点が"楽しみながら"ワンランクアップします。

Q2

大会 ▶ 2018/2019
ラウンド ▶ イングランド プレミアリーグ 第9節
対戦カード ▶ **チェルシー 2-2 マンチェスター・ユナイテッド**

ラッシュフォードは
次の瞬間に誰へパスをした?

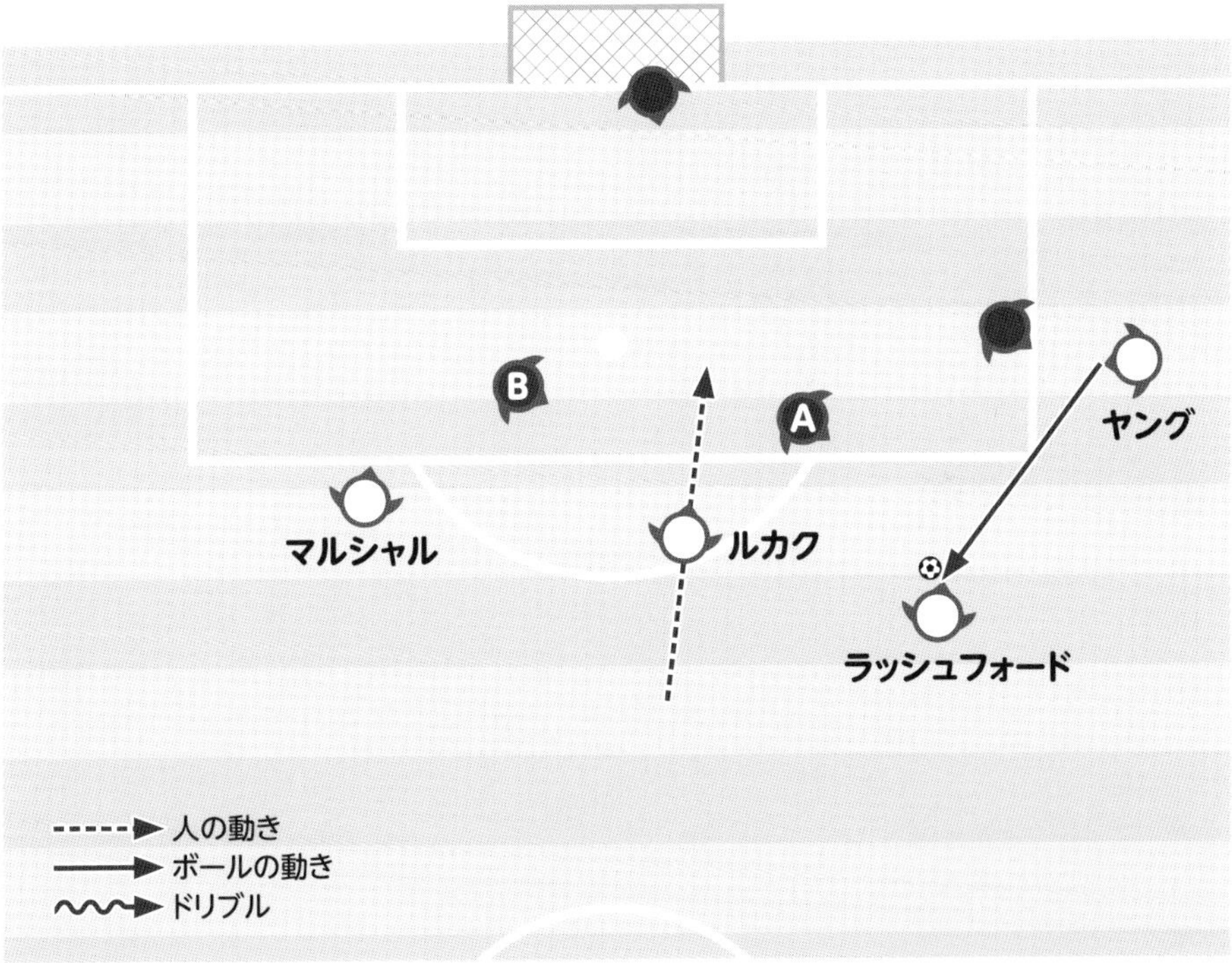

後半28分、右サイドのヤングからラッシュフォードがペナルティーエリアの外でパスを受ける。そのとき、後方から走り込んだルカクがペナルティーエリアに進入してきた。

ヒント　ルカクの動きを見て中央のDFはどうするでしょう

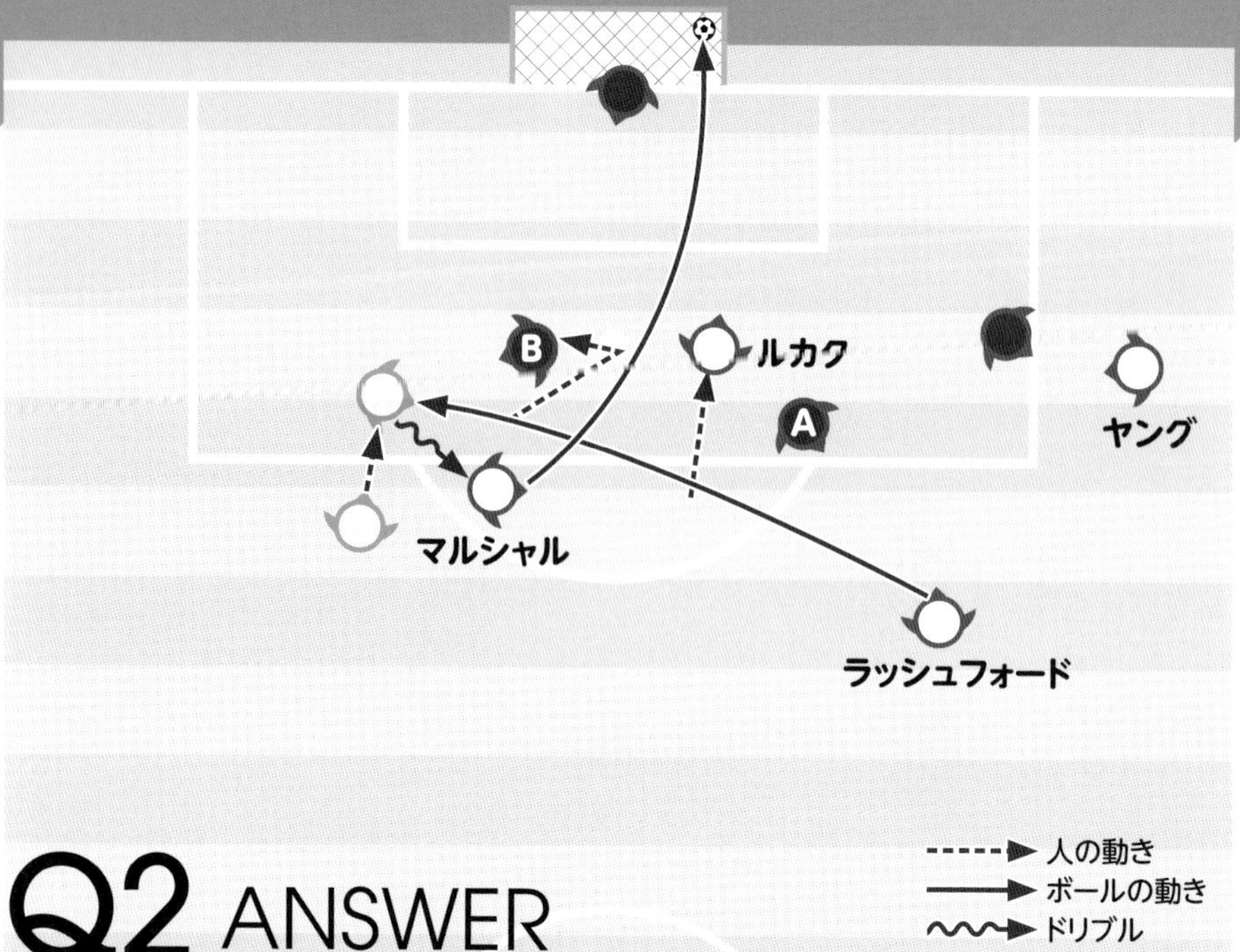

Q2 ANSWER

ルカクがDFを引きつけてフリーになったマルシャルがパスを受けてシュート

解説

ラシュフォードがヤングからバックパスをもらうタイミングで、後方からルカクがペナルティーエリアに進入してくる場面。次の瞬間に中央の状況がどう動くのかがポイントです。まず注目するのは攻撃側が４人なのに対し、守備側は３人で数的不利という点です。ペナルティーエリア中央ではＤＦ（Ａ）はラッシュフォードを見て、ＤＦ（Ｂ）がマルシャルを見ていました。そこへルカクが進入してきます。このルカクに対して守備側がどう対応するかが大きなポイントです。ルカクの動きに対してＤＦ（Ａ）はラッシュフォードを見ながら背後を取られているので対応できません。そのまま行かせるわけにはいかないので、ＤＦ（Ｂ）が対応に向かいました。するとマルシャルがフリーとなり、ラッシュフォードはすかさずパス。ＤＦ（Ｂ）はすぐに戻りますが、マルシャルはトラップで逆を取ってファーへシュートを決めました。

ワンポイント

**マークのついていない
ルカクが進入
することで
フリーの選手が生まれる**

SOCCER BRAIN

サッカーブレインは、サッカーに必要な考えるチカラを鍛えるために誕生したアプリケーション。問題はすべてアニメーション化されていて、いつでもどこでも“サッカー脳”を刺激できる!

ワールドサッカー研究所

World Soccer Laboratory

データで振り返る2018−19シーズン

パート2

さまざまなデータを駆使して2018−19シーズンをひも解く！
ここではアシスト＆パス編、ディフェンス編をレポート

●写真：Getty Images

アシスト&パス編

クロスでのアシスト王 9本

アレクサンダー=アーノルド
Trent ALEXANDER-ARNOLD
- イングランド／DF／リバプール
- 1998年10月7日生まれ
- 身長175cm、体重69kg

ロングパス成功率王 85.49%

クロース
Toni KROOS
- ドイツ／MF／レアル・マドリード
- 1990年1月4日生まれ
- 身長183cm、体重76kg

アシスト王 15本

E・アザール
EDEN HAZARD
- ベルギー／MF／チェルシー（→レアル・マドリード）
- 1991年1月7日生まれ
- 身長173cm、体重76kg

パス出し王 3118本

ジョルジーニョ
JORGINHO
- イタリア／MF／チェルシー
- 1991年12月20日生まれ
- 身長180cm、体重65kg

パス成功率王 94.19%

チアゴ・シウバ
THIAGO SILVA
- ブラジル／DF／パリ・サンジェルマン
- 1984年9月22日生まれ
- 身長183cm、体重79kg

ショートパス成功率王 95.74%

ダンテ
DANTE
- ブラジル／DF／ニース
- 1983年10月18日生まれ
- 身長188cm、体重85kg

ワールドサッカー研究所

World Soccer Laboratory

データで振り返る2018－19シーズン

ディフェンス編

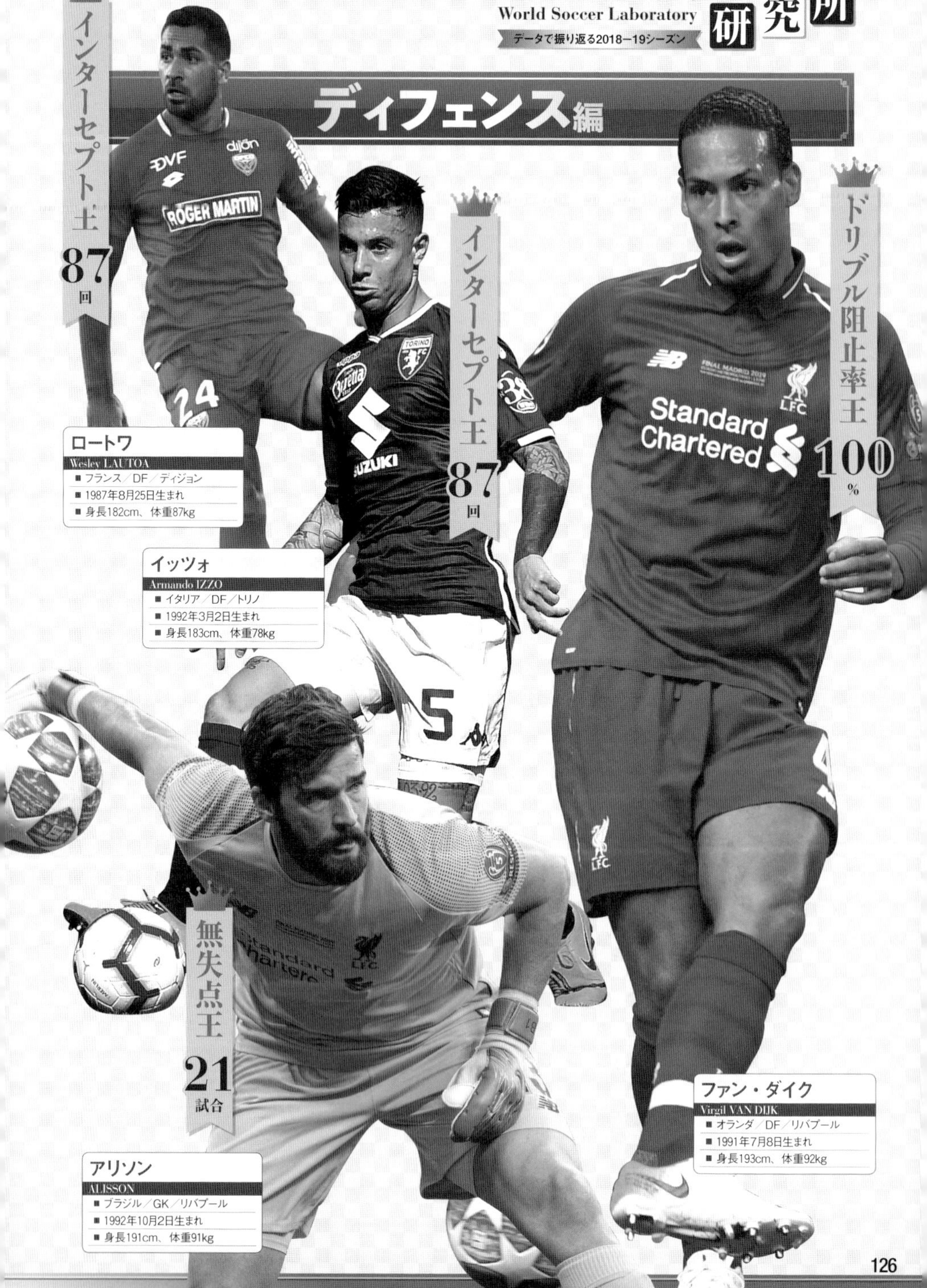

インターセプト王 87回

ロートワ

Wesley LAUTOA

- フランス／DF／ディジョン
- 1987年8月25日生まれ
- 身長182cm、体重87kg

インターセプト王 87回

イッツォ

Armando IZZO

- イタリア／DF／トリノ
- 1992年3月2日生まれ
- 身長183cm、体重78kg

ドリブル阻止率王 100%

ファン・ダイク

Virgil VAN DIJK

- オランダ／DF／リバプール
- 1991年7月8日生まれ
- 身長193cm、体重92kg

無失点王 21試合

アリソン

ALISSON

- ブラジル／GK／リバプール
- 1992年10月2日生まれ
- 身長191cm、体重91kg

もうミスを恐れない
育もう、チャレンジ精神！

サッカーをするうえで技術や戦術、体力と同じく大切なのは「メンタル（心）」だ。メンタルコーチとしてサッカーをはじめ、さまざまなスポーツの育成現場に携わる藤代圭一氏に、サッカーを楽しく前向きにプレーするための秘訣を聞いた。

●文、構成：鈴木智之

サッカーはミスのスポーツ

突然ですが、試合でミスをしたらどうしますか？　一度のミスを試合中に引きずってしまい、その後のプレーが消極的になる、なんてことはありませんか？　おそらく、多くの人に思い当たる節があると思います。そこで今回は「ミスをした後に、どうすれば積極的になれるか」について、メンタルトレーニングの視点で話をしたいと思います。

まず、前提として覚えておいてほしいのが「サッカーはミスのスポーツ」だということです。メッシだってＣ・ロナウドだって、ネイマールだって、シュートをミスすることはあります。しかし、いざ自分に置き替えてみると、意外と「自分はミスなんてしない」と思っているのです。

あなたもそうではないですか？「ミスをするはずがない」と思っているから、シュートやパスミスをするとヘコむ。ミスを引きずって、次のチャンスにはシュートを打てる場面なのに、味方にパスをしてしまうこともあるのではないでしょうか。

ミスをしてしまったら…

試合中はミスをしたとしても、必要以上に気にすることはありません。なぜなら、試合は進んでいくからです。ミスに目を向けるぐらいなら、自分がした「良いプレー」に注目しましょう。そうすることで、自然と気持ちを切り替えることができます。例えば、「ドリブルで相手をかわして、ＧＫと１対１の場面を迎えたけど、シュートはゴールの枠を外れてしまった」という状況があったとします。そこで「シュートを外した」ことではなく、「相手をドリブルで抜いた」ことに対して、まずはＯＫと自分の良かったプレーを自分で褒めます。

そして、自分にこう質問をしてください。「どうすれば、シュートを決めることができただろう？」と。ここで「なんでシュートを外してしまったのか」という「なぜ」を問う質問をすると、人間の脳は「できない理由」を探してしまいます。「なぜシュートを外してしまったのか。それはグラウンドがデコボコしていて、シュートを打つ直前に、ボールがイレギュラーなバウンドをしたから」というように。

試合中にできない理由、ミスをした原因を探しても仕方がないですよね。それよりも「どうすれば、シュートを決めることができただろう？」と、「どうすれば」を問う質問を自分にしてみてください。そうすることで、「シュートを打つ直前まで、しっかりボールを見よう」「ボールをふかさないために、体を倒してシュートを打とう」といった、具体的

■ミスをしてしまったら

○「どうすれば」を問いかける質問をする	×「なぜ」を問いかける質問をする
例）どうすれば シュートを決められるだろう？	例）なぜ シュートミスをしてしまったのか？
▼	▼
未来に意識が向かうので、次の行動をおこせる	変えられない過去に意識が向いてしまう

な方法が浮かんできます。それを、次に同じような場面が来たときに実行すれば良いのです。このように、自分に対してどんな質問をするかで、考え方も変われば、具体的な行動も変わってきます。

「なぜ」という質問は、起きたことという「過去」に目が向いています。しかし、「どうすれば」という質問は、これからのこと、つまり未来に矢印が向いているのです。起きてしまった過去は変えられませんが、これからやってくる未来は、自分の行動次第でどんなふうにも変えることができます。

ミスシーンをあらかじめイメージする

試合の前日や当日などは、ポジティブなイメージを持つことが大切です。自分がシュートを決めて勝つイメージ。相手のボールを奪うイメージなど、ポジティブなイメージで頭をいっぱいにさせましょう。

もし試合までに1カ月や1週間など時間があるときは、あえてミスをするイメージをして、ミスをしないための準備をすることも大切です。人間は想定外のことが起きると、パニックになってしまいます。そこで、事前にミスを想定しておくのです。そうすることでミスが起きたとしても「想定内」のことなので、パニックになったり、必要以上に落ち込むことはありません。

例えば「決定機にシュートミスをしてしまった」という想定をしておくと、ミスをしないようにするにはどうすればいいかを考えることができます。そこで出た解決策を頭に入れてトレーニングをすることで、プレーの精度が上がり、本番ではミスをしないかもしれません。

■ポジティブなイメージとネガティブなイメージの使い分け

〈試合の前日や当日〉

ポジティブなイメージをたくさん持つ

例）「ゴールを決める」「ドリブルで相手を抜く」「相手のボールを奪う」などのシーン

▼

前向きな気持ちでプレーできる！

〈試合の１週間前〉

ネガティブなイメージもする

例）「シュートミス」「クリアミス」「パスミス」などのシーン

▼

事前に準備することで、ミスしたときにパニックにならない！

気持ちを切り替えるコツ

ミスをした後に「集中しろ」「切り替えろ」という言葉を使うと思いますが、どうすれば集中したり、切り替えることができると思いますか？　これは練習のときから意識してトレーニングをしてほしいのですが、例えばDFのミスから失点してしまったとします。そこで「切り替えろ」と言葉で言われても、どうすれば良いかがわかりません。そこで、「これをすれば切り替えることができる」というものをあらかじめ用意しておくのです。たとえば、DFとGKが集まって円陣を組み、気合を入れ直すのはどうでしょうか？　みんなで気持ちを一つにして、次のプレーに集中することで、切り替えることができるような気がしませんか？

もう一つ、集中するための考え方

集中力を高めるポイント

自分でコントロール可能な「自分自身」「今という瞬間」の2つに意識を向ける

▼

自分がやるべきことに集中できる!

NG　自分でコントロールできないもの（「相手」「天気」「審判」など）を考える

を教えますね。メンタルトレーニングをする選手たちに、このような質問をします。「試合中、あなたがコントロールできるものとできないものは何がありますか?」。そうすると、コントロールできないものは「相手」「天気」「審判」など、多くのことが挙がりますが、コントロールできるものはこの2つに集約されます。それは「自分」と「今という瞬間」です。言い換えれば、サッカーの試合中に自分ができることは「今この瞬間に何をすべきか」ということだけなのです。そう考えると、天気が悪く、雨が降っているグラウンドも、相手チーム寄りの審判の判定も、相手チームの強さも、「自分にはどうすることもできないのだから、考えるだけ無駄だな」と思いませんか?

　そして「自分がやるべきこと、今できることに集中しよう」というように、ポジティブな気持ちになれると思います。これはぜひ、試合前に意識してやってみてください。

チームメイトにミスを責められたとき

「自分がやるべきこと、今できることに集中すること」は、試合中にチームメイトからミスを指摘されたときにも効果的です。周りに何を言われても、試合中は聞き流す程度にとどめておき、自分が今できることに意識を向けるのです。ただし、できれば練習のときやミーティングなどで、「チームメイトのミスを指摘しない」といった約束事を作っておくことをおすすめします。

　人によって、ミスをした後にしてほしいことはさまざまです。「ドンマイと、勇気づける言葉をかけてほしい」と言う選手もいれば、「何も言われたくない」と言う選手もいます。人によって違うので、ミーティングなどで事前に確認し、チームで共有しておくのも一つの方法です。

試合中、戦うのは相手チームであって、味方選手ではありません。味方と協力して相手チームと試合をするのに、味方の気持ちを落とす声かけやミスの指摘をしても、意味がないどころか逆効果ですよね。それをまず、頭に入れておいてほしいと思います。試合中は感情的になってしまい、味方のミスに対してあれこれ言いたくなるのはわかりますが、事前にどうするかを決め、解決しておきましょう。

味方に声をかけるときは、ポジティブなものにしましょう。プレーが消極的なチームメイトに対して、「もっとチャレンジしよう」といった意味の声をかけるのは、背中を押す、勇気づけることになるので良いと思います。たとえば「できるんだから、やろうよ」という声かけ。これはできないことを指摘するのではなく、「できる力があるんだから、もっとチャレンジして良いよ」という意味なので、言われた方も嫌な気持ちにはならないと思います。より細かく伝える時間があるのであれば、「もっとできるんだから、もっとチャレンジしていいよ」「ミスをしても自分がカバーするから、積極的にやろう」など、プレーが止まったときや給水のタイミングで伝えるのは良いと思います。ポイントは、自分の意見だけを言うのではなく、信頼をセットで伝えることです。信頼をセットで伝えると、相手の受け取り方も変わります。

親は子どもの「うまくできたこと」に目を向ける

ここからは、サッカー少年・少女の保護者に向けたアドバイスです。あなたの子どもが積極的にプレーし

■ミスをした仲間への声かけのポイント

○ 意見と信頼をセットで伝える	✕ ミスを指摘する
例）「できる力があるんだから、もっとチャレンジしよう!」「ミスしてもカバーするから、積極的にシュートをしよう!」	例）「なんでできないんだ」「ミスをするなよ」
▼	▼
仲間は勇気づけられ、ポジティブなプレーにつながる	**仲間の自信がなくなり、プレーが消極的になる**

もうミスを怖れない

育もう、チャレンジ精神！

ないように見えるとき、なんて声をかけますか？　まず覚えておいてほしいのが、とくに男の子は「自分で決めて行動したい」という気持ちが強いこと。相手にコントロールされる、指図されるのを嫌います。とくに、母親からあれしなさい、これしなさいと言われると反発心が芽生えます。

最初のうちは「お母さんも自分に期待して言っているんだな」と思うかもしれませんが、何度も言っているうちに「うるさいなあ」と反発して、帰りの車の中でテレビを見たり、携帯ゲームをしてやり過ごそうとします。特に、ミスを指摘されたり、チームメイトと比較されると、「チャレンジしよう」という気持ちが湧いてこなくなってしまいます。すると、「リスクを冒してミスをすると怒られるので、無難にプレーしよう」という気持ちになってしまうのです。ジュニア年代はまだまだ発展途上です。この年代でしかできないミスもあります。ミスをして、ミスに気づいて成長するのですから、ミスをとがめる必要はないのです。

では、保護者はどうすればいいのでしょうか？　それは、「うまくできたこと」を探してみてください。ミスは誰の目にも明らかですが、うまくいっていることを探すのは難しいもの。サッカーのように、次々にプレーの局面が変わるスポーツは、シュートを決めた、ドリブルで相手を抜いたというわかりやすいプレーから、マークをしっかりした、スペースが空いているのを埋めた、味方を助けるプレーをしたなど、一見すると良いプレーかどうかがわかりにくいものまで、たくさんあります。保護者の方は、「うちの子はどこがうまくプレーできただろう」という視点で見て、良いプレーを見つけてあげてほしいと思います。

◎一般社団法人スポーツリレーションシップ協会代表理事

藤代　圭一（ふじしろ・けいいち）

教えるのではなく問いかけることでやる気を引き出し、考える力を育む『しつもんメンタルトレーニング』を考案。日本女子フットサルリーグ、サッカーインターハイ優勝チーム、をはじめ全国優勝を目指すチームから地域で1勝を目指すチームまでさまざまなスポーツジャンルのメンタルコーチをつとめる。全国各地のスポーツチームや学校教育の現場などでワークショップを開催。指導者、保護者、教育関係者から「子どもたちが変わった」と高い評価を得ている。著書に”スポーツメンタルコーチに学ぶ「子どものやる気を引き出す7つのしつもん」（旬報社）”、「スポーツ大好きな子どもが勉強も好きになる本」（G.B.）がある。
http://shimt.jp

サッカーのお仕事

日本サッカー界のすべてに関わる

第1回 日本サッカー協会（JFA）会長のお仕事

プロ選手以外にもサッカーに関わる仕事はたくさんあります。
そういった仕事を誰かがやらなければ、
誰もが楽しんでプレーできません。
どんな人たちがどんな思いで、
そのような仕事をしているのでしょう？
今回は日本サッカー協会の会長というお仕事を研究！
田嶋幸三会長がどんな仕事をしているか教えてくれました。

●写真：木鋪虎雄、Getty Images　●取材協力：公益財団法人日本サッカー協会

公益財団法人日本サッカー協会 会長

田嶋幸三
TASHIMA Kozo

1957年11月21日、熊本県出身。浦和南高校で全国制覇を経験し、筑波大学へ進学。大学4年生のときに、日本代表に選出される。大学卒業後はジェフユナイテッド千葉の前身である古河電気工業サッカー部で実業団の選手としてプレー。日本代表としてはAマッチに7試合出場している。1982年に同社を退社して現役を引退。その後、ドイツのケルン体育大学へ留学して指導者としての道を歩み始める。筑波大学や立教大学で指導してきた一方で、1994年から日本サッカー協会（JFA）の強化委員会副委員長を務め、日本サッカーと大きく関わるようになった。JFAの要職を務めるなかで、1999年にU−16日本代表監督に就任。翌年に行われたAFC U−17選手権で3位の成績を収め、3大会ぶりにFIFA U−17世界選手権（現在のFIFA U−17ワールドカップ）へと導く。その後は技術委員会委員長を務め、2006年にはJFAの専務理事に就任し、2012年にはJFA副会長を務めるようになった。また、2010年からはアジアサッカー連盟（AFC）の理事、2015年からは国際サッカー連盟（FIFA）の理事、さらに2013年からは公益財団法人日本オリピック委員会（JOC）常任理事も兼任している。そして、2016年3月からJFA会長を務めている。

日本サッカー協会って、どんなことをしているの？

▼日本のサッカーすべてを司る組織

そもそも、公益財団法人日本サッカー協会、略してＪＦＡは一体どんな仕事をしているのでしょうか？

田嶋幸三会長は、「日本サッカー界の発展のため、プロフェッショナルからアマチュアまで、男子や女子、そして障害者など、日本サッカーのすべてを司っているところ」と説明してくれました。

ＪＦＡにはさまざまな役割を担う委員会があります。例えば、日本代表をどう強くするかを考えて実行する技術委員会、天皇杯や高円宮杯などといった大会の運営を担う競技会委員会などがあり、そういった各委員会などからの提案を理事会といわれるところで話し合って決定します。Ｊリーグ、全日本Ｕ－12サッカー選手権大会、全国高校サッカー選手権大会についても同じで、関係する組織と話し合って最終的な決断を下します。

簡単に言うと、日本サッカーをどうやって発展させるかを常に考える組織がＪＦＡになります。

日本サッカー協会会長は何をしているの？

▼意思決定を行う理事会の議長

理事会には、ＪＦＡの意思を決定する役割があります。そこでは、日本サッカー発展のために、さまざまなことが提案されてきて話し合われています。その理事会で議長を務めるのが、ＪＦＡ会長の仕事になります。学校で言えば、生徒会の会長と同じような役割と言えるで

FIFAのインファンティーノ会長（右）やAFCのアル＝カリファ会長（左）と女子ワールドカップを観戦する田嶋会長

しょう。

例えば、次の日本代表監督に誰を任命するかという議題になったときには、技術委員会を中心にして、事前にその候補者がリストアップされます。それをもとに、理事会で具体的なことを話し合います。複数人いる理事会メンバーからは多数の意見が出ることになるでしょうが、それらをまとめて一つの方向へ向かうように進めていくのがＪＦＡの会長です。

ＦＩＦＡやＡＦＣとの関係は？

▼ＦＩＦＡやＡＦＣの仕事は日本のためになる

世界のサッカーを司る国際サッカー連盟（ＦＩＦＡ）、同じようにアジアを司るアジアサッカー連盟（ＡＦＣ）があり、日本サッカー協会はそれぞれに属しています。

田嶋会長は、ＦＩＦＡやＡＦＣでも理事という要職を務めています。そのことで仕事が増えて大変になるというよりも、それぞれと連携しやすくなったというメリットを挙げています。

「ＦＩＦＡやＡＦＣの仕事は、毎日のようにあるものではありません。それぞれ年に4回程度の会議があるだけで、日本にいることのほうが多いのです。ただ、理事としてそういった重要な会議に出席しているからこそ、いち早く新しい情報を得られ、それにもとづいて、ＪＦＡの運営をスムーズに行うことができます。また、ＦＩＦＡやＡＦＣの会議に出席することで提案を直接行うことができ、日本の有利になるように進められます」

ＦＩＦＡやＡＦＣの理事を務めることは、ＪＦＡ会長としての仕事の一環と言えるのかもしれません。

田嶋会長のある日の仕事風景。
普段は会談が多いが、多忙のなかでも事務仕事をこなす

田嶋会長のある日のスケジュール

9：00	JFAハウスへ出勤
9：15	今井女子委員長との打ち合わせ
9：45	JFAの情報発信について打ち合わせ
10：00	J-GREEN堺 代表取締役　来局
11：30～12：30	将来構想委員会
12：30	Jリーグ村井満チェアマン、岡田武史参与と打ち合わせ
13：00	クラブユース連盟理事長　来局
13：20	三重県サッカー協会会長　来局
14：00～15：30	常務理事会
15：45～	会見打ち合わせ
16：00～16：30	天皇杯開幕記者会見
17：00～	なでしこリーグ打ち合わせ
18：30～	U－20日本代表影山雅永監督　打ち合わせ

この仕事をして、うれしかったことや苦しかったこととは？

ロシアワールドカップでの勝利

うれしかったことに関して、田嶋会長は「去年の今頃……」と言って、２０１８年に開催されたロシアワールドカップでの出来事を振り返りました。

「会長が実際に代表の監督を解任するのは、本当に危機的な状況なわけです。できれば任期まで全うしてもらうほうが良いのですが、当時のチーム状況を見る限り、監督を代えることを決断せざるを得ませんでした。（大会2カ月前での監督交代を）SNSを中心に批判されていましたが、コロンビア戦で勝てて本当にうれしかった」

さらにグループリーグを突破して、その喜びも倍増したと、田嶋会長は付け加えていました。

大会前に多くのファンから批判されましたが、そういった批判を真摯に受け止めることも会長の仕事の一つと言う田嶋会長ですが、心ない批判が自分自身だけでなく家族にまで影響したことが苦しかったことと振り返り、「申し訳なかったなあ」と家族へのお詫びの言葉を述べました。

監督として、選手としてうれしかったこと

サッカーに関わってうれしかったことは、会長になる前にも2つあると、そのエピソードを教えてくれました。

「U－17日本代表の監督のときに、アジア予選を突破できたことですね。ずっと越えられなかったアジアの壁があって、それに勝つことができました」

３大会ぶりにアジア予選を突破し、２００１年に開催されたU－17世界選手権への出場権を勝ち取った話を語ってくれました。

「私が大学生の頃はJリーグもなくプロにはなれなかったので、選手としての道をあきらめて、教員になろうと思っていました。21歳のとき、教員になろうと教育実習に行っていたのですが、そのときに日本代表に招集されました。そのことがあって、もう一回日本代表を目指そうと思うことができました」

３つ目として、日本代表に初招集された１９７９年の出来事を振り返ってくれました。

日本サッカー協会会長になるためには？

▼サッカーが大好きなこと

ＪＦＡ会長になるために必要な能力やスキルについて、田嶋会長は「サッカーが大好きなこと」を第一条件として挙げました。

「できればサッカー選手としてがんばってほしいですね。代表やJリーグに限らず、サッカー経験がある人のほうが望ましいと思います」

何よりもサッカーに対する愛や情熱が会長職には必要と説いた田嶋会長ですが、それぞれを統括するにあたってマネージメント能力が必要になってくるとも教えてくれました。そのうえで、何か武器になるような得意な分野があると、さらに良いと語ってくれました。

また、日本はアジアの中でナンバーワンという自負を持って、リーダーシップを発揮しなければならない国と考える田嶋会長は、「コミュニケーション能力は大切」と語り、各国の要人と話をするときに英語ができたほうが良いと言っていました。加えて、日本代表になれるような選手を目指すうえで、海外で活躍するためには同じように他言語によるコミュニケーション能力が必要と訴えています。

日本サッカー協会会長としての夢

▼U－17ワールドカップで優勝を目指す

田嶋会長は、「お金のためにやっているわけではない」と明言。加えて、「サッカーに関わる仕事でお金をもらえて生活できていることに感謝している」と語りました。

そんな田嶋会長が会長のうちに叶えたい夢として、10月下旬からブラジルで開催されるU－17ワールドカップでの優勝を挙げました。「ワールドカップで優勝というのはまだ言えませんが、U－17やU－20といった育成年代やなでしこジャパンなどの女子は、世界をとってもおかしくない位置まできている」と、これまでの実績から自信を持っているようです。在任期間ではないかもしれないと前置きしたうえで、それらが東京五輪のメダルにもつながるし、２０２２年のカタールワールドカップにもつながると、日本サッカー発展の夢を語ってくれました。

▼人を傷つける暴力や暴言の根絶

育成年代や女子の大会もあり、なかなかほっとする時間がないと笑いながら語った田嶋会長でしたが、子供たちがサッカーをするうえで安心できないことがあると、主張したことがありました。

「暴力とか暴言というものが、まだあります。そこは本当に根絶したい」

強い口調で語った田嶋会長は、人を傷つけるような暴力や暴言をなくしたいと願っていて、それは会長としての夢ではなく責務と考えているようでした。

いつ何を食べたら良い？

運動前後に体が欲する食事

**しっかりとした体づくりや疲労の回復には欠かせない食事。
バランスの良い食事と言われても、いつ何を食べればいいのかわからない——
そんな人たちのために、サッカーをする運動前、運動直後、運動後に分けて
それぞれに必要な栄養素をわかりやすく解説する。**

●文・村上幸
●写真、イラスト：『勝ち抜く身体をつくる球児メシ』

［解説者プロフィール］
熊倉 明子
Kumakura Akiko
管理栄養士、健康運動指導士の資格を持ち、株式会社コーケン・メディケアのスタッフとして、日本全国各地の小中高生に栄養指導を行っている

栄養素の役割を学ぼう

しっかりと体を成長させて丈夫な体をつくるためには、バランスの整った食事が重要になる。骨や筋肉をつくり出すために必要な〝たんぱく質〟、体を動かすエネルギーとなる〝炭水化物〟、体の調子を整えたり、栄養の吸収を助けたりする〝ビタミン〟など、食べ物から得られる栄養にはそれぞれの役割があって、どれも欠かせない。

それらの栄養を大きく分けると5種類になり、5大栄養素と言われている。先に出た〝たんぱく質〟は、たまご、肉、魚、納豆といった食品に多く含まれる。〝炭水化物〟は米、パン、砂糖などが代表の食品。〝ビタミン〟は、ほうれん草、ニンジン、キャベツといった野菜や果物に多い。その他には、炭水化物と同じようにエネルギーのもととなる〝脂質〟、ビタミンと同じような効果がある〝ミネラル〟が挙げられる。

栄養補給のまめ知識

**好き嫌いのない
バランスの良い栄養補給**

成長期には、骨や筋肉のもととなる“たんぱく質”が不足しないように気をつけよう。同様にカルシウムも必要になるが、カルシウムの吸収にはビタミンDが大きな役割を果たす。このように、栄養素はそれぞれに違った役割があるため、バランスの良い栄養補給が重要で、好き嫌いなく食べることが大切になる

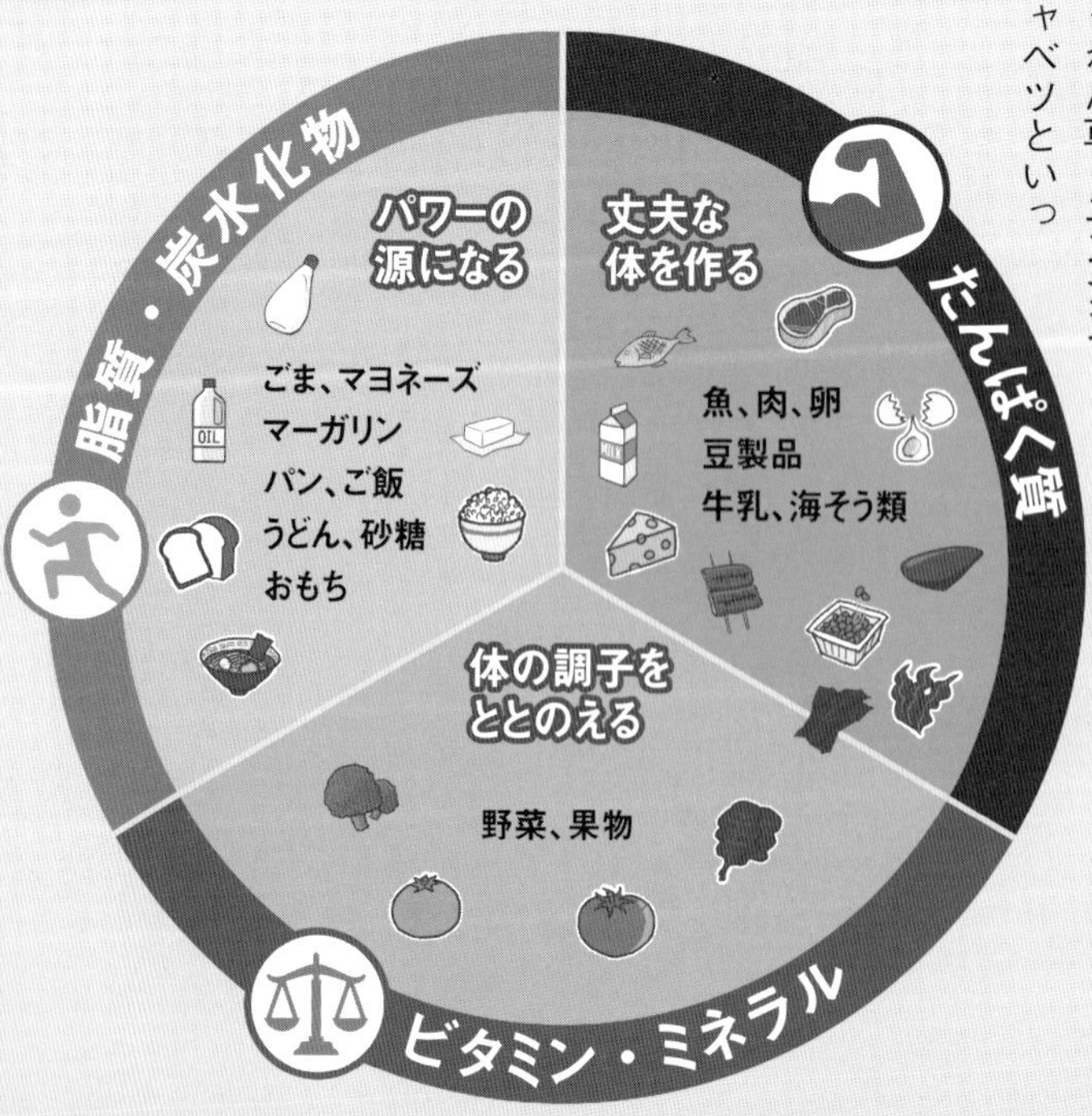

運動前の食事はいつもより炭水化物とビタミン・ミネラルを多めに！

運動前の食事例（※個人差あり）

運動前であってもバランスの良い食事は大前提だが、運動に必要なエネルギーの源となる炭水化物を多めにとるように心がけよう。小学校高学年であれば、米を250グラム、食パンで言えば2・5枚が目安になる。中学生であれば、米を300グラム、食パンで言えば3枚が目安になる。

運動しているとき、胃の中に食べたものが残っていて違和感を感じたり、気持ち悪くなったりすることがある。そうならないように、運動前はできるだけ消化に良い食品を選ぼう。脂質が、最も消化に時間がかかると言われている。だから、運動前には揚げ物などは避けたほうが良いし、米でもチャーハンやピラフなど油を使った料理は好ましくない。

そのうえで、バランスの整った食事に気を配ろう。運動前はたんぱく質などよりも、ビタミンやミネラルを含む食品が多いほうが良い。料理のメニューやボリュームなどによって変化するが、炭水化物などエネルギーの源となる食材が40パーセントでタンパク質など体をつくる栄養素は20パーセント、ビタミンなどの調整する栄養素は40パーセントくらいが目安となる。

栄養補給のまめ知識

空き時間が長い場合は間食がおすすめ

食事から練習までに時間が空いてしまう場合は、間食をおすすめする。小さめのおにぎりやパンなどエネルギーとなる炭水化物の食品を口にすると良い。消化に良いバナナやオレンジジュースなども運動直前の間食に向いている。

運動直後はエネルギー補給と水分補給が何よりも重要

運動直後の食事例（※個人差あり）

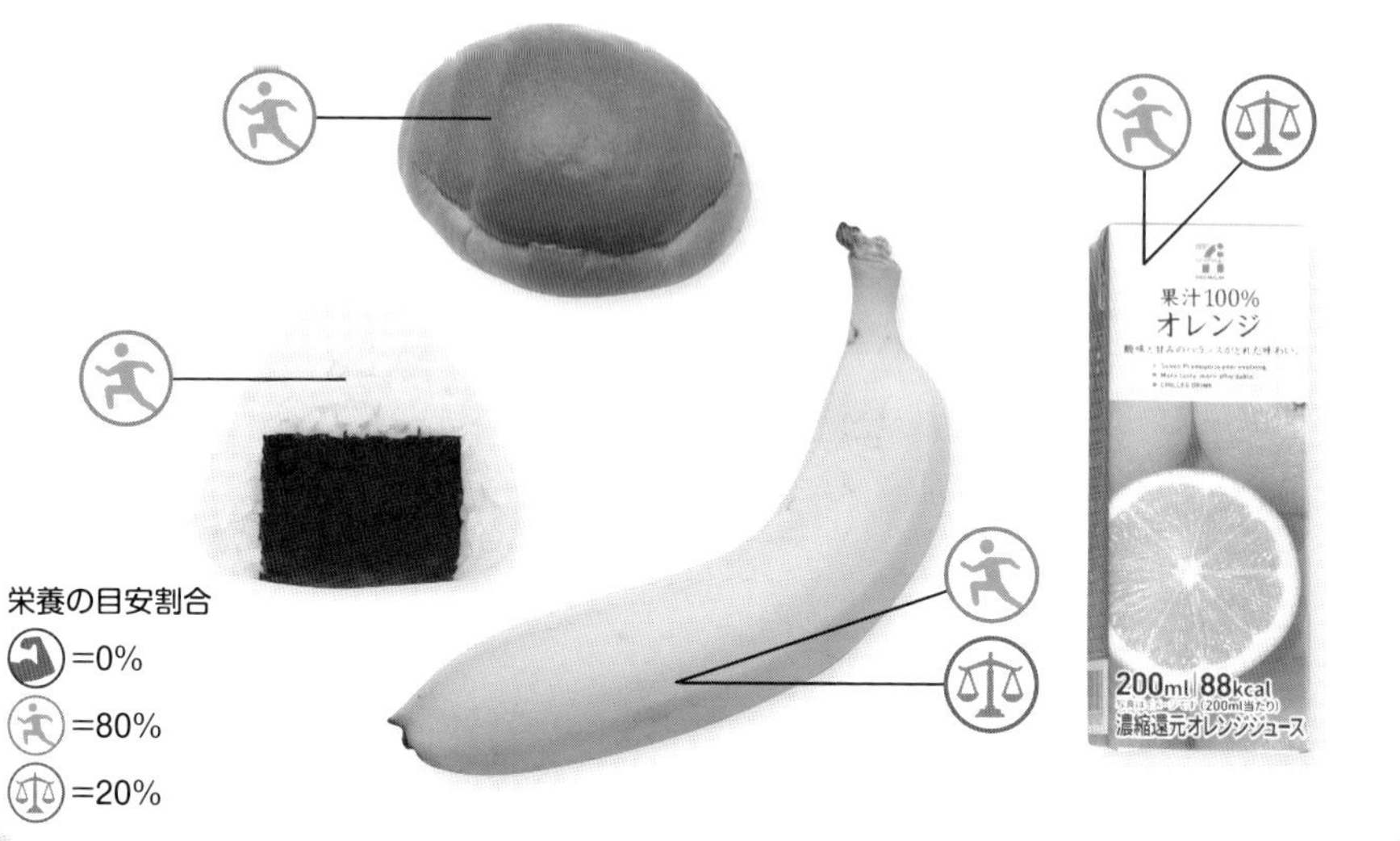

運動直後の30分間は、体づくりや疲労を回復させるための重要な時間帯になる。まずは、使い果たしたエネルギーを補給するためにも、炭水化物を摂取したい。おにぎりなどの米類、サンドイッチなどのパン類などがおすすめの食材となるが、糖質やビタミンを多く含むフルーツもおすすめで、バナナやキウイフルーツ、オレンジなどが良いとされている。

運動直後は疲れ過ぎて、食欲がわかないときがある。そのようなときは、牛乳やオレンジジュースなどの飲み物でも問題ない。飲み物の場合、食事よりも素早く栄養補給できるという利点もある。

また、運動直後には水分もしっかりと補給しよう。運動中は多くの汗をかいている。特に、暑い夏は運動中の水分補給も絶対に必要なことだが、季節に限らず運動直後の15分以内に、200ミリリットル以上の水分を飲むことを忘れないようにして習慣化させよう。飲んだ水が実際に体の中に吸収されるまでは時間がかかると言われているので、こまめな水分補給は欠かさないようにすることが重要になる。

栄養補給のまめ知識

水分補給と同時にミネラル補給も!

汗には水分だけでなく、ナトリウムと呼ばれる塩分などのミネラルも含まれている。汗をかくことで水分と同時にミネラルも体の外で出してしまうので、ミネラルの補給も忘れずに行おう。スポーツ飲料はそういったミネラルなども含むのでおすすめ。

運動後の食事は体をつくる たんぱく質をメインに!

運動後の食事例（※個人差あり）

運動後の食事では、たんぱく質などの体をつくる栄養素が重要になる。激しい運動で痛めた体をつくり直すためには、欠かせない栄養素だ。それと同時に、エネルギー補給のために炭水化物も摂取。そして、それぞれの吸収や分解を助けるビタミンなど必要になる。大切なのはバランスの良い食事ということになる。

例えば、炭水化物をエネルギーに変えるためには、ビタミンB1が必要で豚肉や大豆に多く含まれる。脂質の分解にはビタミンB2が関わっていて、たまごや牛レバーに多く含まれている。このように、たんぱく質を多く含む食材でもビタミン類が多く含まれる食材があるので、それぞれの食材の組み合わせを考えることも大事になってくる。

その日の体調や疲労度合いによっても、体が欲する栄養素は異なってくるが、タンパク質などの体をつくる栄養素をメインとして60パーセントくらいを目安にすると良い。残りは吸収や分解を助けるビタミンやミネラルといった食材になるが、疲労度を強く感じるようなら、炭水化物などのエネルギーとなる食材を増やしてもいいかもしれない。

栄養補給のまめ知識

寝るまでに時間がない場合は消化の早いものを選ぶ

食事から就寝までの時間が少ない場合は、消化に時間がかかる食材を避けよう。消化前に寝ると熟睡できずに、睡眠の質が悪くなる。それで成長ホルモンの分泌が悪くなり、せっかくの食事も体づくりや疲労回復にはつながらなくなる

サッカーギア ラボ

サッカー用品のトレンドを、人気サッカーショップのカリスマ店員が解説!

ナビゲーター

ご来店時には、お客様のご要望やお悩みを伺ったうえで、商品のメリット・デメリットをご説明させていただきながらご提案させていただきます！

GALLERY・2
新宿店副店長
野中光陽さん
（のなか・こうよう）

取材協力

GALLERY・2
新宿店
JR新宿駅東口から徒歩5分。学校や会社の帰りに気軽に寄れるサッカー・フットサルショップ。
東京都新宿区新宿
3-15-11
アドホック新宿6F

スパイク

〈トレンド〉

海外メーカーでは、近年ハイカット（靴下型）のモデルが増えています。バンドの間口が広くなり、従来のものより足入れ時のホールド感が向上しています。国内メーカーの商品はローカットモデルが多く、ベロが開いて履きやすいため、新入生やサッカーを始めたばかりの子どもに人気です。ミズノの「モレリア」のように根強いファンがいる商品もコンスタントに売れ続けています。ちょっと前までは足幅の細いモデルが主流で、ワイド型は１万円以下のモデルにしかなかったのですが、１万2000～3000円くらいの中価格帯も各メーカーから出されるようになりました。

〈革（素材）〉

近年、人工芝のグランドが増えていることから、耐久性、耐摩耗性の高い人工皮革が主流になっています。

POINT

ステッチ（縫い目）がないタイプが増えています。水が染みこむのを防ぎ、変形や劣化を防止する効果があります。ステッチには革の伸びを防ぐ役割もありますが、ステッチがないものは伸び止めの素材を配合するなど工夫されています！

ステッチあり

ステッチなし

〈ソール〉

ブレードソールというスタッドが細長いタイプのものが多かったのですが、最近は丸形のものが増えています。土のグラウンドだけではなく、人工芝でのプレー機会が増えているため、マルチで使える丸形が好まれるからです。

〈カラー〉

ここ数年はカラーアッパーや白が好まれる傾向がありましたが、2018年末くらいから黒がじわじわと人気を集め始めています。

PICK UP

軽くてフィット感もあり、どのポジションでも使える高性能スパイクです。前作からバンド部分が改善されたことで履きやすさもアップ。特に中高生のプレイヤーにオススメです！

レビュラ3　ELITE（ミズノ）

靴ひも

ひもの表面にシリコン素材をつけてグリップ力を高め、ズレを抑制し、ほどけにくい仕様になったタイプが出ています。ひもを締めたときのホールド感を保つことができるので、キックやドリブルの際にパワーロスを防ぐことができるメリットがあります。

「AMO グリップレース」（AMO Customs）

インソール

土踏まず部分のアーチをサポートし、かかとのホールド感がアップするので、プレーのパフォーマンスが向上します。専門の製造会社と協力してオリジナルの高機能インソールを開発し、はじめから靴に備えつけて販売するシューズメーカーも出てきています。

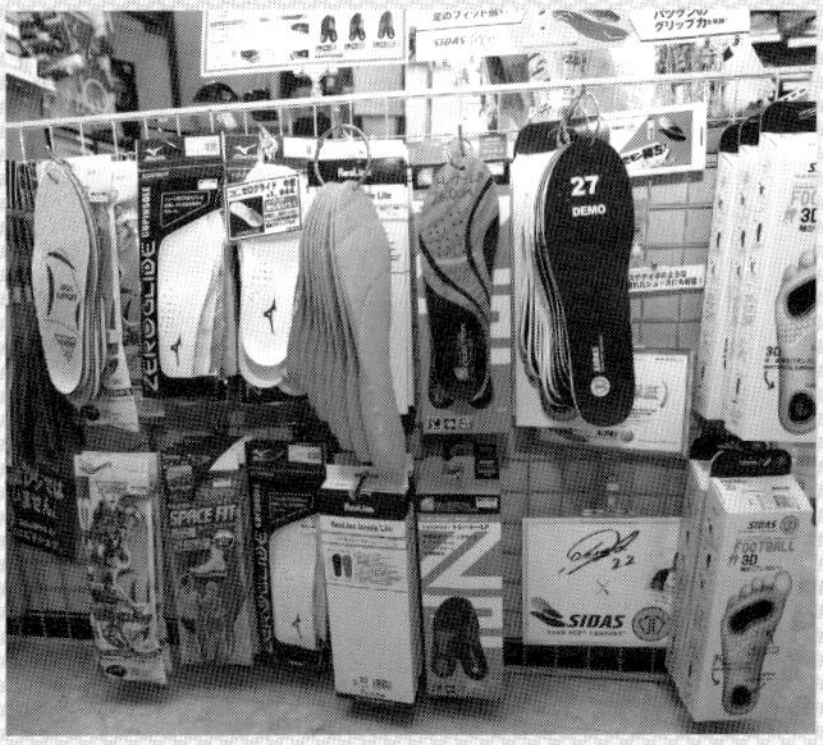

ストッキング

2016年に靴下メーカーのタビオから発売された「TABIO SPORTS FOOTBALL」をきっかけに、足裏に滑り止めがついて、指の部分が分かれたショートソックスタイプが普及しています。サッカー&フットサルの選手も数多く愛用しています。

POINT

長さが短いため、くるぶしより上を覆うためのソックスを重ねて着用し、境目をテープでとめてください！

「Tabio フットボール」(タビオ)

新型サッカーボール!?

「FOOOTY フーティ」

パーツをつなげてつくる新感覚のスポーツトイで、最近よく売れています。アイディア次第でボールにもフリスビーにもなるので、いろいろな遊び方ができます。水に濡れても大丈夫なので、ビーチでの使用もOK！
使い終わったあとは折りたためるから、場所を取らず持ち運びも便利です。子どもたちの室内練習用に買って行かれるお母さんが増えています。

PICK UP

組み立てるのに頭を使うので、知育玩具としてもオススメです！

INFORMATION

GALLERY・2 渋谷店 GRAND OPEN!

GALLERY・2

サッカー&フットサル専門店としてさらにパワーアップ！　人気の定番品はもちろん、新進気鋭のブランドやコラボ企画のオリジナル品まで、豊富なラインナップであらゆるカテゴリーのプレイヤーのニーズに応える。
東京都渋谷区宇田川町36-10 2F

4コマ漫画で学ぶ！
サッカーの豆知識 2

●マンガ：タカハラ ユウスケ

VAR

バイシクルシュート

13
RESPECT
adidas

スーパースターのルーツを探るインタビュー

Luka Modric

ルカ・モドリッチ

不合格だった少年が世界最高のMFに

2018年にはバロンドールを獲得し、名実共に世界一の選手となったモドリッチ。しかし、彼のサッカー人生は決して順風満帆ではなかった。プロになる前に味わった大きな挫折を経て、世界一への階段を上っていった。モドリッチのサクセスストーリーを近親者たちが証言する。

●文：アンテ・ブスクリッチ（Ante Buskulic）＆フルヴォイェ・ティロニ（Hrvoje Tironi）
●提供：GOAL　●写真：Getty Images

※この記事はGOALに掲載されたものを再編集しました

現在では世界最高のMFとして成長

世界最高のＭＦは誰か？

その議論は常に衝突を生む。もっとも、近年において「ルカ・モドリッチ」の名前を挙げることが、その議論に終止符を打つ良い方法となっている。彼はいかにして階段を駆け上がり、最高のプレイヤーの一人となったのか。

レアル・マドリードのＭＦモドリッチは、年を重ねるたびに進化を遂げている。２０１８年にはバロンドールやＦＩＦＡ最終選手賞を獲得。彼がいかに優れた選手か、今なら説明するすべはいくらでもある。

モドリッチは２０１２年にトッテナムからレアル・マドリードに加入した。それから3回のＵＥＦＡチャンピオンズリーグ制覇に貢献。２０１８年のロシアワールドカップでは、クロアチア代表を決勝進出に導く活躍も見せている。おそらく、現在は世界最高のＭＦと言えよう。

しかし、ここに至るまでの道のりは、決して平坦ではなかった。その過程を、振り返っていくことにしよう。

気づかれなかった少年の才能

１９８５年9月9日、モドリッチはクロアチアのザダルで生まれた。彼が育ったのは、まさに〝モドリッチ〟と呼ばれる郊外の村。クロアチアでは、村の名前を家族の姓とすることが一

ディナモ・ザグレブ時代のモドリッチ。この直後からトッププレイヤーの道を駆け上がっていくことになる

般的という。しかし、数年後にはモドリッチという単語は、村の名前以上の価値を持つことになった。

モドリッチは10歳のとき、マリオ・グリゴロビッチと共に地元のサッカークラブであるハイドゥク・スプリトのトライアルを受けた。グリゴロビッチは当時を振り返ってくれた。

「彼とはザダルのチームで出会ったんだ。ハイドゥクでは少しの間だったけど、クロアチア代表の年代別チームではいつも一緒だった。あの頃は、僕のほうが評価されていたけれど、それがひっくり返るのがサッカーだよね。僕やルカより、もっと大きな才能を持っている人でも、プロになれない選手だっているしね」

その言葉どおり、当時のモドリッチはあまり評価されていなかった。ハイドゥクのトライアルでも、グリゴロビッチは合格したが、モドリッチは不合格。そのチームのスカウトは、トップレベルのサッカー選手になるためには線が細く、力がなさすぎると判断したのだった。

「彼がハイドゥクでダメだったなんて、僕には言えない。短期間で、子供たち全員のクオリティを見ることなんて、できないしね。でも。ルカはザダルへ戻った数年後に、ディナモ・ザグレブで大活躍した」

サッカーの父と出会い才能が開花

ザダルに戻ったモドリッチは、地元出身のサッカー専門家トミスラフ・バシッチ氏の推薦もあって、ディナモ・ザグレブの目に止まり2000年に加入した。バシッチ氏は、モドリッチのサッカー人生において父親のような存在だ。モドリッチは日頃から彼に感謝している。プロになった後も2人は連絡を取り合った。バシッチ氏は2014年2月に亡くなったのだが、モドリッチは地元の小さな島で行われた葬式にも参列した。

グリゴロビッチは、モドリッチの少年時代を回想して話した。

「子供の頃の彼はごく普通の少年で、ピッチ以外で目立つようなことはなかった。それでもサッカーだけは特別で、すごく興味を持っていたようだ。ただ、子供の頃のルカのプレーを見て、『彼がトップクラスの選手になるとわかっていた』なんて言う人の言葉を、僕は信じていないんだ。そんなのあり得ないよ！　彼がトッププレーヤーになると明確になったのは、ディナモでリーダーになった後のことだからね」

「ルカの才能は路上で磨れた」

ディナモ・ザグレブへの加入はモドリッチにとって重要ではあったが、彼が実際に輝き始めたのはインテル・ザプレシッチへレンタル移籍したときだ。彼はこの小さなクラブで、そのシーズンのタイトル争いに貢献。最終的にクラブを2位に押し上げた。

当時インテル・ザプレシッチで監督だったスレチコ・ボグダン氏が明かす。

「ルカは、ヴェドラン・チョルルカとフルボイエ・チャレと一緒に加入した。私は彼ら全員に、『チームの中で自分のポジションをつかみ取らなければならない。もし、18歳でそれができれば、将来は良い選手になるだろう』と伝えたよ」

そして、当時のモドリッチについて、ボグダン氏は懐かしそうに語った。

「ルカはたった1カ月でスタメン入りした。私は彼の後ろに立ち、『恐れるな。もし、試合の3つや4つで、良いプレーができなくても大したことではない』と、常に言っていたものだ。ルカが頑張って戦うところを見たかったし、彼に寄り添っていたかった。なぜなら、自身が持つレベル以上のパフォーマンスを彼が見せると、普段よりチーム全体のレベルも上がるからだ。私が指揮していたときには、彼は前線のすぐ後ろでプレーしていて、よく敵陣のペナルティーエリアに進入していた」

当時の指揮官は、続けて才能が開花し始めた頃のモドリッチの様子を教えてくれた。

「彼は、いつもチームのために努力した。もし当初の契約どおりシーズンの最後まで残っていたら、我々が優勝していたと、今でも確信している。ピッチではいつもベストだった。常に自信を持っていて、目標を理解していた。それに、いつでも公平で正直なところには好感が持てた。チームメイトはみんな彼が大好きだった。彼と一緒に戦えたことをうれしく思う」

現在のボグダン氏はインテル・ザプレシッチで、子どもたちに向けたスクールで指導をしている。しかし、サッカーを取り巻く環境は、ここ数年で大きく変わったと主張。今と昔では、子供の指導方法が変わり、再びモドリッチのようなレベルのプレイヤーを輩出することは、簡単ではないという。

「ルカの頃の子供たちはストリートサッカーで育ち、我々は選手としての形だけを教えれば良かった。しかし、今の子供たちは路上でサッカーをしないんだ。ルカの才能は路上で磨かれた。これからクロアチアが彼のような選手を輩出することは、難しいかもしれないね」

A代表にデビューした年に2006年のワールドカップに出場。日本代表とも対戦している

モドリッチの驚くべき才能について語ってくれたボグダン氏だったが、**「彼が今のレベルのような選手になることを予想していたかと言えば、それは難しかった。驚異的なプレイヤーだと認識したのは、彼がトッテナムで主力選手になったときだったと思う」**と、話してくれた。モドリッチのさらなる才能に気がついたのは、さらに後々のことだったようだ。

異例の18歳でキャプテンに就任

モドリッチはレンタル移籍によって、ボスニア・ヘルツェゴビナのズリニスキ・モスタルでもプレーしていた。当時の指揮官、ステファン・デベリッチ氏も〝クロアチアの魔法使い〟を絶賛する。

「ディナモのユースやその後のズリニスキでも、私が指揮していた頃のルカは常にセントラルMFだった。彼はクリエイティブで人並み以上の才能があったし、いつでも自分を魅せる方法がわかっていたんだ。それに、完璧な技術も備わっていたから、ボスニア・ヘルツェゴビナにある難しいピッチコンディションをもろともしなかった。彼はキャプテンとなったが、18歳でチームを牽引したのは珍しいことだ。この国のリーグを経験したことで、さらにタフになったんじゃないかな」

モドリッチが一流プレイヤーである理由

元クロアチア代表監督のスラベン・ビリッチ氏も、モドリッチの青年時代を振り返るうえで重要な人物だ。ビリッチ氏はU－21クロアチア代表、そして後にA代表でも、モドリッチに中心的な役割を与えた。モドリッチは、ビリッチ氏のことを**「これまでのなかで最高の監督」**と言及したこともある。

モドリッチのA代表デビューは、２００６年3月だった。それは、リオネル・メッシを擁するアルゼンチン代表との試合だった。ビリッチ監督の指揮下で並外れた活躍を見せて、３－２で勝利をもたらすと、欧州選手権（ＥＵＲＯ）２００８の予選で強豪イングランドを撃破。本大会出場の立役者となった。

それでも、当時は必ずしも最高の評価を得ているわけではなかった。優れたゲームメイクのセンスで、フィールドを支配するが、なかなか得点を決めることがなかったため、もの足りなさを指摘する声も挙がっていた。

しかし、最近ではそんな声は、ほとんど聞こえてこない。得点力をアップさせる代わりに、得意の支配力と魔法のようなパス精度をさらに磨き、世界最高の武器としたからだ。

モドリッチは現在33歳。選手としての絶頂期は長くはない。マドリードとクロアチアのファンだけに限らず、世界中のファンが少しでも長く活躍し続けてくれるように願っている。永遠に続くことはない。だが、永遠に続くのではなかろうかという錯覚と希望を、彼は我々に与えてくれる。それこそが、モドリッチが一流のプレイヤーであり、人の心を動かして世界中の人々から愛される理由なのかもしれない。

Profile

Luka MODRIC（モドリッチ）

1985年9月9日、クロアチアの地方都市サダルで生まれる。路上でサッカーの技術を磨きつつ、地元クラブへ入団。トライアルで不合格という挫折を味わうも、2002年にはディナモ・ザグレブに入団。18歳でトップに昇格するも出場機会に恵まれず、他チームへレンタルされる。その経験を得て才能が開花。2006年にはクロアチア代表に初招集された。2008年にはイングランドのトッテナムへ移籍。4年間で世界的に注目される選手へと成長し、2012年にスペインのレアル・マドリードへ移籍した。UEFAチャンピオンズリーグ3連覇などに貢献し、クロアチア代表としても活躍。2018年にはバロンドールを獲得している。

しっかり体づくり きっちり疲労回復

入浴と睡眠から得る効果

**サッカーで疲れた体をきっちりと回復させて、
大きな体へ成長させるためには、質の良い睡眠が絶対に必要！
その質の良い睡眠を得るためには、
入浴が重要な役割を果たしている。
風呂と眠りの関係を学んで、体の成長に役立てよう！**

●文：村上幸　●編集協力：合同会社ACE

解説者プロフィール

博士（スポーツ健康科学）、温泉入浴指導員・睡眠改善インストラクター

石川泰弘
（いしかわ・やすひろ）

温泉入浴指導員・睡眠改善インストラクターなどで、多くのメディアで活躍中。最新著書には『たった一晩で疲れが取れるぐっすり睡眠法』（ゴマブックス社）がある

体や心の成長に睡眠が必要

睡眠中に、体の中では心身の修復を行っている。眠ってから約3時間で成長ホルモンを分泌。疲れた体、傷ついた体を修復するようになっている。

特に、10～20歳にかけて多く分泌される成長ホルモンは、体をつくるために欠かせない。寝ている間に、骨や筋肉をつくって発達させる役割がある。

そして、睡眠中は体だけでなく心の成長にも大きく関わっている。睡眠中は、脳が記憶の整理を行なっているという。学校で勉強したことはもちろん、練習で行ったことなども整理して、身につくような仕組みになっている。

質の良い睡眠は、体づくりや学習効果向上に必須。

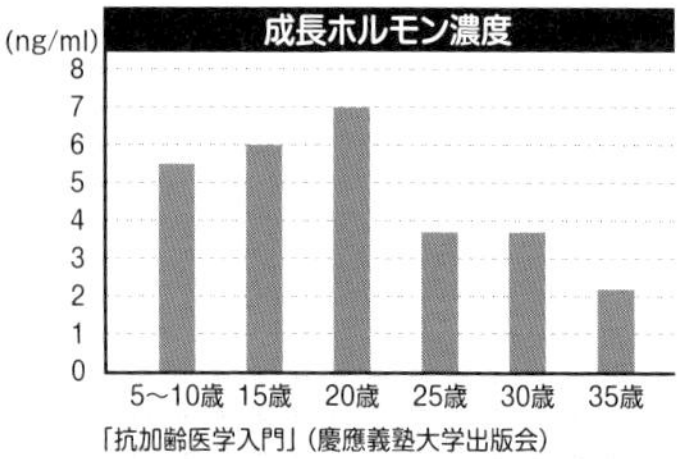

「抗加齢医学入門」（慶應義塾大学出版会）

入浴が質の良い睡眠につながる

夜になると眠くなり、朝になると目が覚める。このように誰もが生まれながらにして備えるリズムを「サーカディアンリズム」という。このように体にはさまざまリズムがあるが、〝体温〟と〝眠気〟のリズムは関係性が深い。

個人差はあるが、1日の体温リズムは午後8時頃に36度台後半でピークに達し、36度台前半まで徐々に下がる。その体温の低下と同時に眠気が増すように、人間の体はつくられている。

入浴することで体温が約1度上昇するが、その上がった体温を急降下させることで、深い眠りに導くことができる。それを体温が下がるときに合わせることで、質の良い睡眠を得られる。

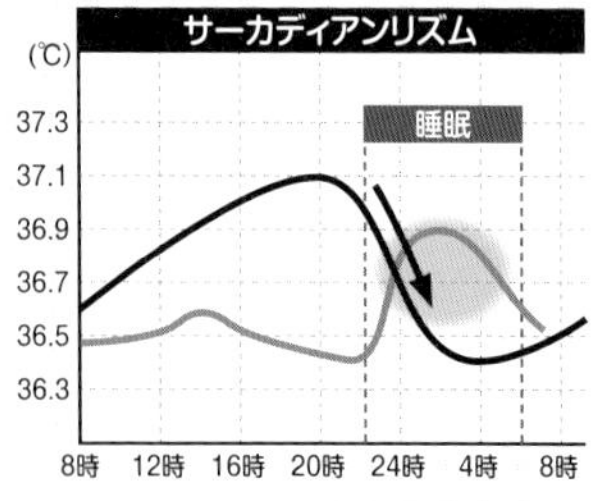

Q 入浴は何分間くらいが良い？

A 40度前後の湯に10分間

入浴には、全身の血のめぐりを良くして、体を温める効果がある。その他にも、湯に入ることで体が浮く浮力で、リラックス効果を得られる。それらの効果は体を疲労から回復する手助けをしてくれるし、その後に質の良い睡眠を促してくれる。

そういった効果を得やすい入浴時間は、10分間程度。40度ぐらいの湯につかることが目安になる。10分間以上つかっていても体温は上がらないので、長い間湯船につかるとかえって疲れてしまう。

また、湯の最適な温度は人それぞれ個人によっても変わるし、夏と冬では外の気温が変わるので季節によっても変わる。自分が快適だと感じる温度を探し出そう。

快適ポイントのアドバイス

肩までつかることも大切

時間や温度の他にも入浴の効果を得るためには、湯へのつかり方も大切になる。肩までしっかりつかることで、湯の浮力によって体が軽くなって、筋肉の緊張がほぐれて緩まる。このことでリラックス効果を得られて、疲労回復の効果も得やすくなる

Q 入浴した後は何分後に寝るのが良い?

A 手足が温かくなる入浴後から90分後

入浴の効果で上がった体温は、約90分間かけて徐々に下がる。このときに就寝することで、スムーズ寝られる。よって、入浴してから90分後の就寝がベスト。

赤ちゃんの手足が温くなるのは、眠くなった証拠と言われている。これは手足などの体の末端から熱を放って体温を下げているから、そう感じる。この現象は赤ちゃんに限った話ではなく、年齢に関係なく起こる。だから、手足が温かくなってきたら、眠れる証拠。きっと、まぶたも重くなってくるはず。そうなった場合は無理に起きて何かしようとせずに、素直に横になって眠ってしまおう。

快適ポイントのアドバイス

興奮するようなことは避ける

入浴後からの90分間は、宿題や読書などがおすすめ。ストレッチなどで軽く筋肉を動かすのも効果的だ。心を落ち着かせるためにも、興奮するようなことは避けたほうが良い。だから、ゲームやスマホなどを操作するのは、就寝前にはおすすめできない

Q 効果的で質の良い睡眠ができる環境とは？

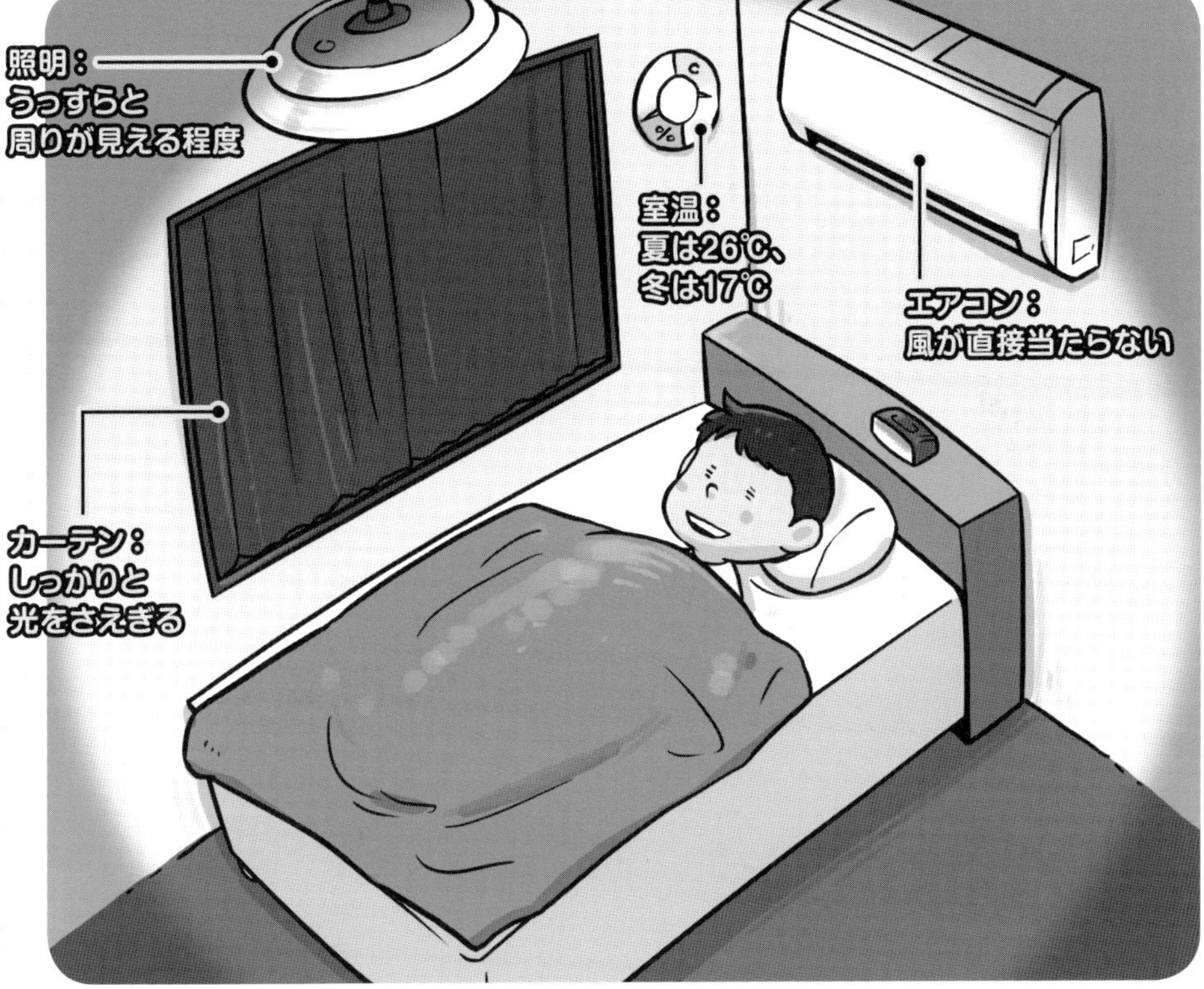

A 快適な室温や光などに調節

快適で質の良い睡眠を得るためには、就寝環境を整えることも大切な要素になる。部屋の温度や照明など光を調節してから寝るようにしよう。

カーテンなどはしっかりと光をさえぎれるものが良いし、証明はうっすらと周りが見える程度まで暗くしたほうが良い。室温は夏だと26度が目安で、冬だと17度になる。エアコンで室温を調節しながら寝る場合は、その風が直接自分の体に当たらないように風向を調節する。

睡眠の妨げとなる音も、できるだけさえぎったほうが良い。頭の位置を窓や壁、出入り口など音の鳴りやすいほうから遠ざけるのも一つの手となる。

快適ポイントのアドバイス

快適な寝具で質の良い睡眠を

質の良い睡眠のため、布団やベッドの快適さにもこだわりたい。枕は、頭や首を肩のほうから支えられる大きめのものが良い。敷き布団は、寝返りしやすい硬さで肩幅の2.5倍程度が目安。布団の中は32～34度で湿度50パーセントほどに保ちたい

カウンターアタッカーズ推薦！
プレイヤー偏差値上昇BOOKS

プレイヤーとしてレベルアップするためには、技術やフィジカルを磨くことはもちろんですが、豊かな心を育み、知識を身につけ視野を広げることも大切です。

ここでは「心と頭を育む」をテーマに、図書館司書・書店員ユニット「カウンターアタッカーズ」が厳選した、サッカー少年・少女におすすめの６冊を紹介します。

小さくても負けない気持ちを育む

『しょうぼうじどうしゃ じぷた』

渡辺茂男／著、山本忠敬／イラスト　福音館書店

自分よりも大きい選手を相手にしたとき、きみはどう思いますか？　それだけでビビってしまったらもう負けです。大きい相手にどうしたら勝てるか考えてみましょう。自分を知り、自分がやるべきことを考えて実行する。例えば、北海道コンサドーレ札幌のチャナティップ選手は、身長158センチですが、昨シーズンはJ1ベストイレブンに選ばれました。『しょうぼうじどうしゃ　じぷた』は50年以上も読み継がれている絵本です。ちびっこしょうぼうしゃのじぷたは、なかなか活躍できませんでしたが、ある日チャンスがやってきます。このチャンスをつかみとれるかどうか、ぜひ読んでみてください。親子で読むのもおすすめです。

仲間との共感を育む

『夜廻り猫』

深谷かほる／著　講談社

猫は人の心の動きを敏感に察し、つらいときにはそばに寄りそってくれる動物です。このコミックの主人公・猫の遠藤平蔵は、「泣く子はいねが」と夜な夜な街をさまよい歩き、涙の匂いのする人のもとへ訪れます。自分のため、家族・友人のために一生懸命頑張っている人たち。ただ必ずしもその頑張りが報われるとは限らず、悩み苦しむ人の話に遠藤は耳を傾け、ぎこちなくもひたむきにエールを送ります。ピッチの外で、サッカーあるいはそれ以外のことで悩む仲間が、もしいたのなら…そんなときは、仲間が話すまで遠藤のように穏やかに寄りそってほしいと思います。スポーツは人が営むもの。心が晴れないままでは良いプレーは生まれません。

サッカーに携わる人の物語を知る

『ディス・イズ・ザ・デイ』

津村記久子／著　朝日新聞出版社

サッカーの試合で、勝利を願い応援するサポーター。彼ら彼女らが仕事や学校、家庭で抱える悩みなどの日常と、スタジアムでの観戦にまつわる出来事が描かれています。著者の津村さんは、サポーターとは「地域に誇りを持って、勝負の苦しみにさらされることを恐れない人たち」であると話しています。ボールと、ピッチ内の敵味方だけが、サッカーのすべてではありません。時には、自分がサッカーを楽しめる環境を与えてくれる人たちにも気持ちを向けることが大切です。あなたを応援してくれる家族や仲間、監督やコーチも広い意味ではサポーターです。誰にもそれぞれの、素敵な物語があることをこの作品は教えてくれるでしょう。

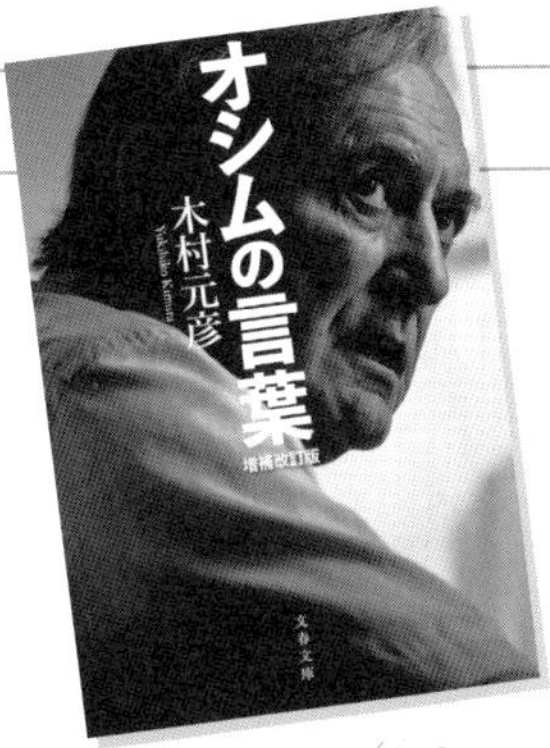

言語力が身につく

『オシムの言葉 増補改訂版』

木村元彦／著　文藝春秋

サッカーをしているときでも、普段友だちと話をするときでも、伝える手段として「言葉」を使いますよね。でも、自分が言った言葉を思ったとおりに相手が受け止めてくれていると思っていたら、後で違うように受け取られていたことってありませんか？ 「伝える」と「伝わる」は違います。「伝わる」ように「言葉」をうまく使っていけると、自分の思いや考えを理解してくれる味方を増やせると思います。その発する「言葉」が注目された元日本代表監督のイビツァ・オシムさんは、独特の言い回しをします。もちろん外国語を話すので、日本語にするのは通訳ですが、その言葉で人の心をつかみます。さて、どんな「言葉」でしょう？

情報の海を泳ぐ力が身につく

『その情報はどこから? ネット時代の情報選別力』

猪谷千香／著　筑摩書房（ちくまプリマー新書）

みなさんはもうスマホは持っていますか？　持っていない人でも周りの友だちや大人が「こんなことがネットに書いてあったよ」と言っているのを聞いたことがあるんじゃないでしょうか。現代社会で生きていく以上、否応なく情報の海に出ていくことになります。ネット上の広告やデマ、検索エンジンの結果表示順など、情報の海で溺れず、自分に必要かつ正しい情報を選べるようになるための基礎知識がこの本には書かれています。また、この本は図書館にも触れています。私たちカウンターアタッカーズには図書館司書がいますが、誰もが使えて、本以外の情報も集まっている図書館は、きっとみなさんの力になることを、ぜひ覚えておいてくださいね。

生き苦しさを越えて考える力が身につく

『「空気」を読んでも従わない 生き苦しさからラクになる』

鴻上尚史／著　岩波書店（岩波ジュニア新書）

人の頼みを断るのが苦しい。周りの目が気になる。嫌な先輩の命令に従いたくない。本音は違うのに周りに合わせてしまう。ラインやメールに急いで返信しなきゃとあせる。サッカーを楽しみたいのに、なんでこんなにチームの人間関係でしんどい思いをしないといけないの？　あなたはこんな悩みを持っていませんか。そのしんどさ、“生き苦しさ”にはヒミツがあるんです。この本では、そのヒミツが「世間」と「社会」、そして「空気」にあるとして、あなたを生き苦しさから救う手がかりが示されています。

大人の私が読んでも、「なるほど！」と思うところがたくさんありました。人生の中で何度も読み返すたびにヒントがもらえる本です。

PROFILE

カウンターアタッカーズ

私たちは、活字で日本のフットボール文化を豊かにすることを目指す図書館司書・書店員のユニットです。ユニット名は図書館のカウンター、書店のレジカウンターにちなんでいます。「読書で日本のサッカーを強くする」「地域のフットボール文化をアーカイブする」といった活動に取り組んでいきたいと考えています。同人雑誌『読×蹴　ヨムケル』を創刊。不定期で販売予定です。

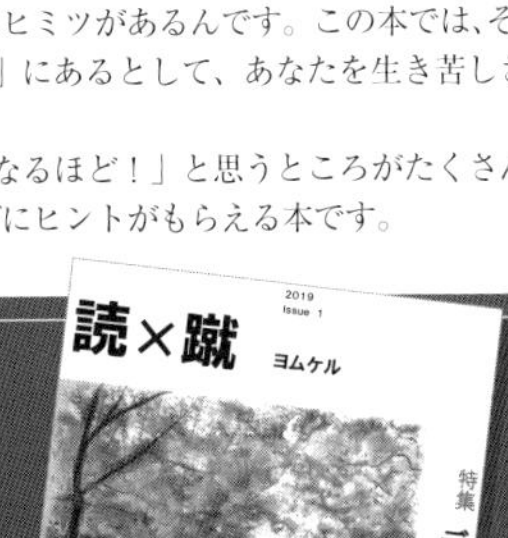

読×蹴
ヨムケル
Issue1

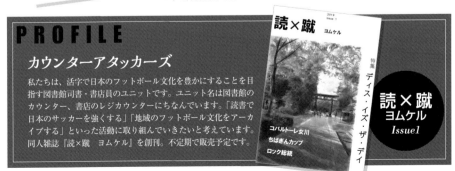

執筆者プロフィール（五十音順、敬称略）

川原　宏樹
（かわはら・ひろき）

1977年生まれ、富山県出身。当時、日本最大級だったサッカーの有料メディアを有するＩＴ企業で、モバイルを中心としたメディアのコンテンツ制作を行うことで、サッカー業界と関わり始める。そのなかで有名海外クラブとのビジネスの立ち上げに関わるなど、多くの新規事業を創出。その後はサッカー専門誌「ストライカーＤＸ」編集部を経て、独立。現在はサッカーを中心に多くのスポーツコンテンツに携わる。

篠　幸彦
（しの・ゆきひこ）

1984年、東京都生まれ。ライター。編集プロダクションを経て実用系出版社に勤務。技術論や対談集、サッカービジネスといった多彩なスポーツ系の書籍編集を担当。2011年よりフリーランスとなり、サッカー専門誌、WEB媒体への寄稿や多数の単行本の構成・執筆を担当。2017年よりスポーツクライミングの取材も行っている。著書に『長友佑都の折れないこころ』（ぱる出版）、『子供のサッカーiQがグングン高まる』（東邦出版）など。

鈴木　彩子
（すずき・あやこ）

サッカーとスポーツがメインのフリーグラフィック・エディトリアルデザイナー。20年来のFC東京サポーターであり、年に一度はヨーロッパへもサッカー観戦旅に出かけている。２歳児の母。

鈴木　智之
（すずき・ともゆき）

株式会社コンテンツメイカー代表取締役。サッカーの選手育成について15年以上取材を続け、技術、戦術、フィジカル、指導法などの記事を多数寄稿。毎週末、サッカーを楽しむ現役プレーヤーでもある。Twitter：@suzukikaku

田中　滋
（たなか・しげる）

1975年東京都生まれ。上智大学文学部卒。スポーツライター。2008年よりサッカー新聞「エルゴラッソ」にて鹿島担当を務める。著書に『二十冠』『世界一に迫った日』など。

中村　僚
（なかむら・りょう）

フリーランスの書籍編集者、ライター。編集プロダクションに4年勤務後、独立。サッカーとカメラを中心に、実用書の編集やweb記事の執筆に携わる。編著に『重心移動だけでサッカーは10倍上手くなる』（KKロングセラーズ）『サッカードイツ流タテの突破力 』（池田書店）など。

松岡　健三郎
（まつおか・けんざぶろう）

1981年東京都生まれ。専門学校・東京ビジュアルアーツでカメラを学び卒業後、2006年からフリーとして活動をスタート。サッカー、フットサルを中心にしたフットボールカメラマン。2009年からFリーグ所属の立川・府中アスレティックＦＣのオフィシャルカメラマンを務める。雑誌や書籍・実用書を中心に写真を掲載。文藝春秋「Number」、集英社「Sportiva」やカンゼン「フットボール批評」など。サッカー専門誌「ストライカーＤＸ」では編集作業やライティングもこなし、マルチに活躍。2018FIFAワールドカップのmedia passを取得し、多くの雑誌などに掲載された。

宮崎　隆司
（みやざき・たかし）

イタリア代表、欧州カップ戦及びセリアAから育成年代まで現地で取材を続ける記者・翻訳家、兼スカウト。元イタリア代表のロベルト・バッジョを間近で見るために1998年単身イタリアへ移住。育成分野での精力的なフィールドワークを展開しながら、長いときをかけて築いた人脈を駆使し現地の最新情報を日本に発信する。現在最も注目するのはマウリツィオ・サッリ（現ユベントス監督）とマルコ・ジャンパオロ（現ミラン監督）の戦術「トータル・ゾーン」。主な著書に『カルチョの休日』（内外出版）、『イタリアの練習』（東邦出版）ほか。イタリア国立ジャーナリスト協会会員。サッカー少年を息子に持つ父親でもある。

村上　幸
（むらかみ・みゆき）

スポーツ、健康、美容、介護、育児などさまざまな分野に執筆しているママさんライター。高校球児部活動応援マガジン「タイムリー」にも寄稿。

編集後記

創刊にあたり、多くの取材を行いました。この場を借りて、ご協力いただいた方々へ御礼を申し上げます。そのなかで多くのご意見を伺いましたが期待する声が多く、モチベーションにつなげられました。掲載できなかったことなどもあり完全燃焼とはいきませんが、次につなげられたらと思っています。今後のためにも、読者の方々のご意見もぜひ聞かせてください。（川原）

サッカーは、小さなボールを大きな網の中に入れるゲーム。単純だ。でも、それを足でやるから自分の思い通りには行かないこともある。単純なのに、難しい。連絡写真のスキルは、個人ばかりを取り上げているが、それは味方を生かすものであったり、味方と連携するものであったりする。１人の技術向上が皆を助ける。そんな思いで読むと、きっとためになりますよ。（松岡）

サッカーがうまくなるために必要なことは、練習だけではありません。考え方や意識をちょっと変えるだけでも、プレーは向上していきます。本書がそうしたきっかけを読者のみなさんに与えられれば幸いです。制作にあたりたくさんの方々にご協力をいただきました。おかげさまで、夏休み前に発売することができました。ありがとうございました。（鈴木）